U0060288

台灣：
恫嚇下的民主進展
aiwan: The Threatened Democracy

魯斯‧賀森松 Bruce Herschensohn 著

泰澤　張喜久 譯

目 次

作者簡介 　　　　　　　　◆5

簡短書評 　　　　　　　　◆9

原書序 　　　　　　　　　◆13

台灣版序 　　　　　　　　◆17

譯者序 　　　　　　　　　◆19

卷前必先熟悉的用詞　　　◆23

第 一 章　　追求和反追求的衝突　　　　　◆25

第 二 章　　事發原初　　　　　　　　　　◆39

第 三 章　　聯合國的大混亂　　　　　　　◆47

第 四 章　　上海公報　　　　　　　　　　◆57

第 五 章　　聖誕節前的驚聞　　　　　　　◆63

第 六 章　　背書與認同　　　　　　　　　◆87

第 七 章　　只談生意　　　　　　　　　　◆95

第 八 章	常以數目列序	◆113
第 九 章	正名	◆125
第 十 章	征服合法化	◆133
第十一章	提議一國兩制	◆143
第十二章	出售大使館	◆179
第十三章	教宗若望保羅二世、中國、台灣	◆183
第十四章	法國：中國友好，台灣再見 日本：台灣友好，中國再見	◆191
第十五章	必修的國務院外交語言	◆195
第十六章	政治、權力、利益和最不被重視 的原則	◆205
第十七章	短暫的訪問	◆215
第十八章	馬主席頻頻微笑	◆223
第十九章	新年決議	◆237
第二十章	擱延政策	◆249

索引

作者簡介

❖

　　布魯斯・賀森松（Bruce Herschensohn）的職業生涯，從小時候在一家 Ralphs 雜貨店，幫顧客攜提購物開始。後來在 RKO 無線電圖片公司送信打工，之後進入該公司的藝術部門工作。服完美國空軍兵役之後，就自己創立電影公司，自寫劇本，自當導演，自行剪輯，自譜配樂。他為美國新聞處（U.S. Information Agency, USIA）製作的紀錄片 *John F. Kennedy: Years of Lightning, Day of Drums*，經過國會通過，總統簽許，受准在美國國內發行（美國新聞處製作的影片，法律規定不准在國內發行）。

　　後來，他升任美國新聞處電影電視部主任。任職期間，美國新聞處得到了無數的製片獎賞，包括電影藝術奧斯卡金像獎，得獎數目超過美國其他政府機構得獎總數。

　　一九六九年，他被選為聯邦政府十大傑出青年，獲得過國家次高的平民獎，以及其他的優異服務勛章，後來受聘為尼克森總統代理特別助理。他遊歷過世界九十多個國

家。

賀森松在 Maryland 大學教過「美國的國際形象」，在 Whittier 學院榮任尼克森講座，講授「美國外交和內政政策」，也曾與亞歷山大‧索忍尼辛（Aleksandr Solzhenitsyn）在瑞士的 Zurich 和美國 Vermont 州的 Cavendish 共事。他擔任過位於美國加州 Malibu 的 Pepperdine 大學董事會董事長，是該校的名譽法學博士。

從 1978 到 1991 年，他在 KABC-TV 和 KABC-Radio 當政治評論員。1980 年，他受聘加入雷根總統交接團隊。賀森松 1992 年由共和黨提名，競選加州美國參議員，贏得四百萬票，光榮落選，比加州居民投給共和黨總統候選人的票數高出一百萬票。

1996 年春季學期，他是哈佛大學甘迺迪政治學院的講員，講授「美國外交政策」。1993 - 2001 年，他是 Claremont 學院的卓越講師。

他目前在 Pepperdine 大學的公眾政策學院，教授「美國的世界領導地位」。賀森松是「尼克森中心」外聘的副研究員，並且是「個人自由中心」（Center for Individual Freedom）的理事。

賀森松的著作包括：《天線之神》（*The Gods of Antenna*），《失落的喇叭》（*Lost Trumpets*），《無翅膀的鷹、無良知的鴿》（*Hawks Without Wings, Doves*

Without Conscience），《最後看到的香港》（*The Last Time I Saw Hong Kong*），《香港歸還時》（*Hong Kong at the Handover*），《台灣海峽兩岸》（*Across the Taiwan Strait*），《護照：冷戰的歷史小說》（*Passport: An Historical Novel of the Cold War*），《千年期邊緣》（*Millenniumm's Edge*）和《台灣：恫嚇下的民主進展》（*Taiwan: The Threatened Democracy*）。

簡短書評

❖

「賀森松長年留意觀察中國 —— 就像他的朋友尼克森一樣 —— 一直都最關注中國人民的自由權利。他是少數能看透中華人民共和國對香港施行計謀的人。他對台灣將來命運的觀察，不但冷靜審慎，而且正確。此書具有高度的可讀性。」

—— Hugh Hewitt（美國脫口秀 The Hugh Hewitt Show 主持人）

「一如所有賀森松的著作，《台灣：恫嚇下的民主進展》一書，每頁都充滿重要的見識。賀森松所知道的中國和台灣，比得上任何人，而他對兩者的見識，則比他們更明智。我們都甘冒忽視中國對台灣的野心的風險。讀此書，並且買一本送給代表你們在華府的國會議員。」

—— D. Prager（美國新聞專欄作家及脫口秀主持人）

「賀森松以敏銳的眼光觀察現今世事。在《台灣：恫嚇下的民主進展》書中，他讓我們對冷戰期間遺留下來最難處理 — 也最危險 — 的事務，有新的了解。」

　　　　　　— R. Linbaugh（美國最熱門的脫口秀廣播節目主持人）

Dedicated to those Taiwanese who built their magnificent democracy, and who have the courage to reject anything short of living in liberty as a free and independent nation.

獻給建立自己神聖民主制度的台灣人
他們一心一意想做自由獨立的國民
他們有無上的勇氣
拒絕生活在沒有自由人權的國家

原書序

❖

必須承認，本書是支持自由權利的著作。

我於一九六四年初次訪問台灣，最近一次訪問台灣則是在二〇〇五年的十二月。在這四十一年，美國和台灣的政治情況發生變化，這期間我前後來過台灣很多次。這些年來，我在台灣和很多人討論，他們提供給我相當多不同的寶貴觀點。因為最近發生的事情，對未來的展望提供了特別重要的線索，所以我感謝最近到台灣時，有幸和以下這些人士討論台灣的政治事件：

呂秀蓮女士，中華民國／台灣副總統（民進黨）
馬英九市長，國民黨黨主席和台北市長
廖蒼松先生，親民黨副秘書長
蘇進強先生，台聯黨主席
林中斌博士，淡江大學國際事務及戰略研究院
秦日新先生，外交部北美司司長

蕭新煌博士，中華民國（台灣）總統府國策顧問

洪德生博士，台灣經濟研究院副院長

吳禮培先生，中華民國（台灣）總統府資政

邱義仁先生，國家安全局秘書長

林正義博士，政治大學國際關係研究中心主任

吳新華先生，經濟部國際貿易局副局長

黃偉峰博士，行政院大陸事務委員會副會長

李大塊先生，行政院新聞局聯絡室主任

易榮宗先生，行政院新聞局副局長

羅致政先生，國家政策研究院執行長

賴怡忠博士，民進黨國外事務部主任

在這四十一年之間，我也參與了美國國內數不清關於台灣的討論和論壇。涉及的人名太多，不可能一一提及，其中有些人名甚至已不記得。無疑地，其中最重要的是美國國會眾議員喬迪（Dr. Walter Judd）、台灣公共事務會（FAPA）陳國昌博士以及美國總統尼克森。

這是一本有關美國對台政策的故事，也是一本有關中華人民共和國對台政策的故事，更是一本有關台灣人民的過去、今日和未來可能的故事。

　　本書記述二〇〇六年中期以前發生過的大多數事件。
書中引用金額，全都轉換為美金單位。

賀森松（Bruce Herschensohn）

台灣版序

❖

　　我對王泰澤博士夫婦的友誼、以及他們付出的巨大努力和精力，將本書由原先在美國出版的英文原著翻譯成漢文，深表感激，也對前衛出版社為台灣人民出版本書深表謝意。

賀森松

Addition in 2007 to the Preface for this printing in Taiwan:

My deep appreciation to Dr. and Mrs. Taitzer Wang for their friendship, and their tremendous dedication and time-consumption in translating this book from the original that was published in the United States, and to Avanguard Publishing Company for publishing this book for the people of Taiwan.

Bruce Herschensohn

譯者序

❖

　　賀森松教授（Bruce Herschensohn）這一本《台灣：恫嚇下的民主進展》，討論台灣的政情。作者提出一個很實際的方法（第十八章），可讓讀者用來看清楚，有誰在裡外操弄自己的國家前途。他的方法很簡單，他要讀者記下台灣政府需要執行的政策，諸如：

1. 公投國家正名
2. 國營企業正名
3. 公投制憲
4. 廢除國統會和國統綱領
5. 從美國或別處購買防禦武器
6. 抗議北京通過分裂法
7. 台灣獨立
8. ……

讀者根據這些政策，製備二份一覽表。第一份一覽表，記下其中中國政府反對的政策；第二份一覽表，記下其中中國國民黨反對的政策。

賀森松教授說，兩份一覽表比較之後，從兩者的相似點，就很容易明白，中國國民黨早已在台灣充任中國的代理人了。

我們翻譯這本書，就是想要讓台灣鄉親，不受語文隔閡，隨著原作者的觀點，探尋出自己「眾裡尋他千百度，驀然回首，那人卻在燈火闌珊處」的頓悟 — 仔細端詳，看看「那人」是不是中國國民黨，或其他政黨。

自從今年四月底，間接從「尼克森紀念中心」和賀森松教授取得聯絡以後，四個月來，日日電郵往返，從未間斷。原書有疑問，他都不厭其煩的在這些信中誠懇詳細解答，或有些免不了的細微錯誤，也徵得他的同意改正過來。書中人名、組織等名稱，若譯文與實情不符，敬請讀者諒解。書中翻譯成英文的演講稿和其他引言，盡量還原成漢文原貌，若因原稿不可考，而內容因翻譯引來錯誤，當由譯者負責。因為台灣政情變化太快，原著者和譯者同意，譯者保持原著所述二〇〇六年中期以前的台灣政情，過後一年所發生的種種事故，盼望讀者參考書中敘述的道理，自行獨立探討判斷。

　　翻譯需要熟悉兩種語文相當的詞彙、句法等等，是一件比單一語文寫作還困難的工作。若不是原書每一章節都有新的啟示，譯者的心力就很難支持下去。翻譯過程，努力細心，以求章句文從字順，讀來不致佶屈聱牙。也感謝前衛出版社編輯周俊男先生在譯文上加以潤飾。無此互補，此書就無法以此面目問世。

　　譯完此書，我們最希望的還是，書中深邃道理，尚請讀者用心研讀理解。誠如原作者所說（第七章）：「一個世代學到的教訓，很少能讓下一代採納。是以每個世代都得再次付出人類痛苦的代價。」大家都要記取這句話的涵義：我們都應奮力摒棄流俗 ── 不分世代，代代長時奉公守法；無論何人，人人隨時改過自新。

王泰澤　張喜久 謹啟
2007/7/15 於美國

卷前必先熟悉的用詞

❖

　　依傳統慣例，書中若附有詞彙，總是附在卷後，而不在卷前。但書寫或閱讀有關台灣或中國的事務時，詞彙若附在卷後就有點太遲了，因為中國、中華、紅色中國、中國大陸、共產中國和中華人民共和國，都是同一個國家的稱謂。而台灣、福爾摩沙、福爾摩沙美麗島、自由中國、國民政府、中華民國和中華民國在台灣，都用來指謂中國東方跨過台灣海峽一百五十四公里的島國。

　　我們也必須知道，從一九一一年十月十日到一九四九年九月三十日，中國叫做中華民國，而從一九四九年十月一日到現在，中國叫做中華人民共和國。前後這兩個中國國家的名字，代表了兩組全然不同的政府、國旗和政治系統。

　　更令人混淆不清的是，中華人民共和國於一九七九年一月一日，開始採用漢語拼音系統來標注中國的人民和地名，這些拼法和西方慣用的拼音法不同，以致

Peiping（北平）、*Peking*（北京）一時變成 *Beijing*（北京）；*Canton*（廣東）變成 *Guangdong*（廣東），因此，中國地圖滿佈了拼音新字。中國人名也受到影響，*Mao Tse-tung*（毛澤東）變成 *Mao Zedong*（毛澤東），*Chou En-lai*（周恩來）變成 *Zhou Enlai*（周恩來），而 *Teng Hsiao-ping*（鄧小平）變成 *Deng Xiaoping*（鄧小平）。

凡此種種，讓使用過這些專有名詞的人倍感困擾，學生、評論家、作者如此，總統、國王、首相亦然。從事外交的人，有時啼笑皆非，因為用不用一個名稱，可微妙的解讀成對一個政治立場的主張辯護；一個看來似無關聯的用詞，會隱含推行或詆毀一個政策的可能性。

台北和北京這兩個名詞，常常用來指稱兩個政治實體，因為對於這二個用詞並無爭論。雙方都同意台北是台灣的首都（至於台北是國家的首都或是行省的首都，則因個人的政治觀點而有所不同），而北京（Beijing）是目前中華人民共和國的首都，和這個城市的羅馬拼音名字（就像用 Washington D.C. 來代表美國政府，台北和北京也一樣常常分別用來代表台灣和中國兩個政府）。

為求清楚起見，本書論及的主題和時間，都分別優先採用台灣和中華人民共和國二個名詞，以資區別。雖不期盡善盡美，但這樣做多少可靠其一致性，幫助讀者加速了解本書的內容。

第一章
追求和反追求的衝突

　　天氣冷，人群眾，以及全國大多數的公職首長和政務官的出現 — 這一切都是美國總統就職典禮當天，華盛頓特區傳統和習慣的景象。但這一次卻出現了如下不尋常的景象：出動萬人軍隊、封鎖多數街道、配置金屬探測器和搜尋人員的安全站、以及在哥倫比亞特區上空巡邏的戰鬥機和直昇機。因為這次是小布希（George W. Bush）總統的第二任就職典禮，也是二〇〇一年九月十一日恐怖份子襲擊美國之後，第一次的美國總統就職典禮。

　　異於尋常的事還有一件：小布希總統在二〇〇五年一月二十日所發表的第二任就職演說。這次的演說，超越歷來所有國家領導人演說的傳統與習慣，提出了如下雄心壯志的宣誓：讓每個人在人世間所應有的一切自由得以實現。「美國的政策，是追求和支援每個國家和每個文化中的民主運動和民主機構的成長，以終結世界一切暴政為最終目標 ⋯ 我們已準備好要贏得自由史上最大的勝

利。」

　　獨裁者、專制者、暴君、極權主義者和恐怖份子，他
們並不贊同小布希總統在這次就職演說中所提出的目標。
而且，許多服務於美國國務院的外交官員也不同意，他們
不想聽他說的這些話。只是，他們終究是外交人士，因此
他們知道該說什麼來應對。

　　「我認為他的演講太棒啦。」他們在說謊。
　　「他有沒有照會過國務卿？」
　　「我懷疑沒有。」
　　「那麼，接下來呢？」
　　「不要慌張。」
　　「我並不慌張。只是他才不 ─ 他才不 ─ 」
　　「我知道。」
　　「他才不 ─ 像我們。他就是不知道。」
　　「我知道。」
　　「那麼現在怎麼辦呢？」
　　冗長的沈默，跟著來了微笑。「中國！那就對了。」
　　另一段沈默後，突然說出：「當然啦！就是中國啦！」
　　「您知道我說的是什麼意思嗎？」
　　「不太清楚。」
　　「中國怎麼可能和民主世界整合在一起？小布希如何

把他追求自由以致會和中國發生衝突的關係交代清楚？
如果他想通了，他就會發現整個追求過程就像是支致命
的迴旋標（boomerang）！因此，事情終究會回到原來的
穩定狀態，而非他那未經歷世事的夢想。」

　　以上並不是外交官員的實際對話，但也不是隨便想像
編織出來的。因為，這場虛構的對話，的確是準確地表達
了國務院一些重要外交官員那天的感受。

　　中國長期以來都在美國對外政策的視野之中。從前，
它有時活躍在美國的視野內，有時則靜靜的埋沒其外。但
是現在，自從中國的軍事和經濟實力開始可能成為超強勢
力以後，它的可見度就不斷擴張在美國外交視野中，成為
不能忽視的對象。中國能夠在這兩個領域突起，都是得益
於自由國家（包括美國）的投資和貿易。另一個讓中國活
躍在美國外交視野的原因是：它日夜夢寐以求，想要佔據
台灣，消滅台灣的民主。

　　多年來，在美國國務院的外交官員中，有很多人都認
為台灣是一個美國可以犧牲掉的東西，雖然他們並不這麼
說，至少不公開這麼說。國務院所持有的外交哲學，終究
和他們應該服務的歷任總統上司不相同。就像華府的其他
大型官僚組織，許多在國務院工作的人，相信他們是美國

永久的行政部門的一部份，而歷任的總統只是會讓他們煩惱頭痛的暫時長官而已。而且，他們覺得他們的職業外交家工作，並不是向總統提出建議，而是教育總統和他任命的官員。當總統新任命的官員，一到他們服務的部門報到的時候，就馬上會受到這些職業外交家官僚作風的影響，而且這些官僚也經常在短時間內就成功了。他們的使命是，讓這些總統任命的官員能把他們的政策上呈給總統，而不是讓總統把他的政策經由這些任命官員交給他們。

一九六一年，當甘迺迪（John F. Kennedy）總統說「讓每個國家知道——不管他們是祝福我們或者是詛咒我們——我們將付出所有代價、負起任何重責、應付所有困難、支援所有朋友、反對所有仇敵以保證自由永續成功常存」的時候，國務院並不同意。然後，隔了八位總統之後，國務院照樣不同意小布希總統所說的：「促進自由是我們這一代的任務；是我們國家的任務…，我們相信自由——履行我們珍視的自由——不僅僅是屬於我們，也是所有人類應有的權利和能力。」

小布希是在冷戰結束到發生九一一間的「假日期間」成為總統的，在這九年間，國務院自行進行了重新編制。他們在過去四十年間，試圖促成美國和蘇聯之間的「和平共處」，但是沒有成功。最終，蘇維埃聯邦共和國垮台

了。然而，這並不是國務院的腳本劇終的一幕。

他們希望別人會忘記他們過去所提出的種種觀點，特別是在雷根政府期間他們的那些觀點：

> 「把他們稱為邪惡帝國？白宮的那位西部牛仔發瘋了嗎？」
> 「現在他這麼做了。那可能意味第三次世界大戰啊！」
> 「您聽見他剛剛在西柏林說了什麼嗎？」
> 「我不敢問了。」
> 「『戈巴契夫先生，扯下這道柏林圍牆吧！』」
> 「找個防空洞吧。」

國務院曾經對卡特總統很有影響力，後來當他們企圖影響雷根總統而遭到失敗時，不免因此而感到震驚。接下來，他們多少影響了老布希總統（第41任），然後較成功的對付了柯林頓總統。現在他們面對的是「新的西部牛仔」──小布希總統（第43任）。

二〇〇一年四月二十五日星期三也是他們最沒面子的一天。小布希總統上美國廣播公司（ABC）的「美國早安」（*Good Morning America*）節目接受訪問時，他才上

任三個月過五天。

「是有點過早了。希望吉布森（Charlie Gibson）不會問到他任何有關外交的政策。」

但是他問了。

美國廣播公司的吉布森問小布希總統：「我想知道，依您個人的想法，您覺得如果中國攻打台灣，我們有沒有義務保衛台灣人民？」

「是的，我們有這個義務。」總統回答道：「並且中國人必須瞭解這一點。是的，我會堅守這個義務。」

「用盡美國的一切軍事力量嗎？」

「盡一切力量幫助台灣保衛自己。」

小布希的這番答覆使得在美國國務院工作的大多數外交官員，情緒一如山崩水洩。（小布希總統的意思明顯是「盡一切力量幫助台灣保衛自己」。不是這句話的結構，而是這幾個字的意思，使國務院認為它是「完全反效果的」。）

「天啊，他不知道。他就是不知道。」

「他太嫩了。」

「他不知道。」

「他應該先來問我們。我們一定要去見鮑威爾（Colin
Powell）國務卿，由他去和小布希談談，不能再有這樣
的事情發生。他比雷根更糟糕。他必須設法收回這個聲
明。我們的安定政策報銷了。」

美國外交官員早就知道，他們在國務院升遷的關鍵，
在於他們必須有能力維護國務院長期以來一直相信的「安
定至上」的外交政策。

「美國政治演說家亨利（Patrick Henry）不是說過『不
安定，毋寧死』嗎？」
「是的。」
「他是個極聰明的人。」

之後國務院費了三年又九個月的時間，才將「他們
的政策」和小布希總統在二〇〇一年四月二十五日所做
的有關防禦台灣的聲明「分開來」。二〇〇四年年底，
在國務院預定再過一個多月，就要由萊斯（Condoleezza
Rice）取代鮑威爾國務卿職位之前，有些事一定要
先做。二〇〇四年十二月十日，副國務卿阿米蒂奇
（Richard L. Armitage）在公共廣播電台（PBS）接受羅斯
（Charlie Rose）訪談。羅斯問副國務卿：「對中國的崛起

和對美國來說，地雷區在什麼地方？必須如何 ——　」

副國務卿阿米蒂奇迅速插嘴回答說：「我會說是台灣。台灣是一個地雷。大概是最大的一個。」

羅斯問：「如果台灣發動攻擊，我們將會防禦中國嗎？」（顯然他要問的是：「我們是否將防禦台灣，如果中國發動攻擊？」）

這是副國務卿的上好機會，可用來堅決地「修正」小布希總統先前聲明美國將盡一切力量幫助台灣保衛自己的評論。但是，做為一個國務院的官員，他在發表這番「修正」總統的言論時，仍要保持著本能性的自我保護，這是與國務院一貫的模糊身段相符的。

「嗯，我是 —— 您知道，做那樣的聲明並不是很適當。我們的台灣關係法要求我們在太平洋保持充足而能夠脅阻外患攻擊的軍力，但並沒有要求我們防禦台灣。而且這些決定實際上是美國國會的問題，必須由國會來決定參戰與否。」

「好傢伙。有膽量。您聽見了沒有？『沒有要求我們防禦台灣。』」

「而宣戰是國會的決定，也就是說不是總統的決定。您認為小布希聽了阿米蒂奇這麼說，會做何感想？」

「沒什麼。他現在知道不要激怒中國了。如果我們溫

和對待中國，中國將繼續在北韓的六方會談中，扮演和我們站在同一邊的角色。如果中國的胡錦濤運氣好，那些會談將不會有什麼決議，並繼續一再拖延下去。」

「您想小布希還記得他說過他將盡一切力量防禦台灣嗎？」

「最好每一個人都不要記得他說的這番話。再說，那是九一一以前的事。」

是的，是九一一以前的事。

二○○一年九月十一日所發生的對紐約世界貿易中心、華盛頓特區外部的五角大樓的攻擊，以及在賓夕法尼亞州薩摩賽（Somerset）縣的上空，被乘客奮勇截下才免於該班機擊中另一個目標 ─ 這些事件是伊斯蘭革命份子向美國所做的開戰宣示。僅僅一個上午的時間，在美國領土內有 2,973 人被殺害、數以萬計的受傷者、不計其數的人心理受創和無數人的悲傷痛苦。

美國總統先前對治國要務的所有計劃，在九一一上午以後的每一天、每一星期、每一月和每一年，都必須重新調整。若這場戰爭失敗了，就意味著美國的末日，實際上也就是現代文明的結束。

其中的一個改變就是，盡量在所有可能的武力衝突中，保持現狀，好能專心對抗伊斯蘭恐怖主義者，使美國

的軍力可以集中起來應付當前的威脅。美國的軍力是太分散了,分散得過於稀薄,因為在九十年代,以什麼「和平效益」(Peace Dividend)之名,無限裁軍,如今軍力不足之弊,已暴露無餘。

在後九一一的情況下,美國自己的國家要優先防禦,無法考慮其他各國的衝突。任何其他地方一旦爆發武力衝突,不管是巴基斯坦因克什米爾(Kashmir)對抗印度;希臘因塞浦路斯(Cyprus)對抗土耳其;土耳其和庫德族(Kurds);塞爾維亞(Serbia)和科索沃(Kosovo);胡特斯(Hutus)和突吉斯(Tutsis)之間在蒲隆地(Burundi)和盧安達(Rwanda)兩地的集體屠殺;北愛爾蘭和愛爾蘭共和國;西班牙和巴斯克(Basques);或者中華人民共和國和台灣,都可能使美國的軍事主力改道分散。

中華人民共和國的國家主席胡錦濤知道利用美國的困境。他表面上給世人一個印象:在對抗伊斯蘭恐怖份子的戰役中,他和美國站在同一邊;但事實上,他的國家正在不斷提供軍事武器和技術給支持伊斯蘭恐怖份子的政權。他的主要妙策是,同意「帶頭參與」後來被稱作「六方會談」(美國、日本、俄國、南韓、北朝鮮和中國)的工作,以「減低北韓的核武威脅」。

做為回報,美國國務院替中國的胡錦濤主席挑戰台灣

陳總統的種種聲明，甚至連陳總統所倡導的台灣人民民主公投，都被國務院指責成是在「片面改變現狀」。在此同時，美國國務院卻無視於中國對「現狀」所做的巨大「改變」。

被忽略了的是，中國對台灣持續增強的嚴厲和直接的軍事警告。這些警告的背後，有龐大的武器做後盾：400,000 軍人地面部隊、700 架飛機和繁增的飛彈部署，從中國海岸線基地瞄準著台灣。（這些飛彈部署在江西省的樂平和贛縣、福建省的永安和仙遊以及廣東省的梅州。）

這些飛彈的數目正逐日增加。根據情報估計，在二〇〇四年六月一日，部署的飛彈數是 492 枚。二〇〇四年十二月二十日增加到 616 枚。二〇〇五年七月二十一日，增加到 730 枚。二〇〇六年一月一日增加到 784 枚。另外，二〇〇〇年到二〇〇五年期間，中國有十一次軍事演習，模擬兩棲部隊侵略台灣。

戈斯（Porter Goss）當美國中央情報局局長的時候，他於二〇〇五年二月十六日在參議院特別委員會作證時表示：「中國正在繼續發展更多更加堅牢的核裝飛彈和傳統武器。」二〇〇五年三月十五日，美國海軍副上將雅各比（Lowell Jacoby）向參議院國家軍事委員會作證，中國正在發展新的飛彈系統（DF-31、DF-31A 和 DF-31S 流動中

程彈道飛彈，以及 JL-2 海底飛彈）。中國的海軍影響範圍已經擴大，未來將繼續擴大深入太平洋，有可能會威脅到此海洋區域的油船運輸，並且孤立鄰近各國，包括日本在內。

鄧小平說過：「韜光養晦，不當頭，不稱霸。」

美國國防部情報局稍早估計，中國有 157 個核子彈頭，可用於短程、中程和洲際彈道飛彈（Intercontinental Ballistic Missiles, CBMs），具有攻擊美國本土的能力。中華人民共和國的熊光楷將軍曾對美國提出清楚明白的警告：當中國要佔領台灣的時候，美國若敢出兵保衛台灣人民，中華人民共和國將會對準美國發射洲際彈道飛彈。這位將軍問美國是否願意「犧牲洛杉磯來保全台北？」

熊光楷這個「是否願意犧牲洛杉磯來保全台北？」的威脅，是人類所設計出最強有力的武器系統 — 也就是恐懼 — 的一部份。這種恐懼心注入個人和國家之後，擴散的速度往往比其他武器還迅速，而且在整個人類歷史裡，恐懼經常更能達到使對方妥協、姑息、最後舉起白旗的作用。

接著是小布希總統提名萊斯當他第二任期的國務卿。這對國務院大多數的官僚而言，是一個挫折，因為他們認

為，自由一向頻頻阻礙他們和現在的各國政要握手言歡、勾肩搭背、啜飲美酒的機會。然而，被任命為國務卿的萊斯，確信小布希總統對世界自由的追求。

二〇〇五年一月二十六日星期三，美國參議院同意萊斯的提名，她那天稍晚宣誓就職。次晨，她來到國務院，接受了等待在大廈大廳裡的國務院工作人員的掌聲和喝采歡迎。他們當然懂得鼓掌和喝采。他們是外交人員。

外交人士並不是靠誠實就有飯吃的，他們要靠做外交工作才領得到薪水。說句公道話，我們可以回顧二十世紀，想想外交官曾經防止過多少戰爭。雖然一下子想不起來，但是總該會有幾次吧。

第二章

事發原初

中華人民共和國主張擁有台灣。在不同的歷史時期，台灣確實曾被中國皇帝和中華民國管轄過。然而，台灣也曾經被葡萄牙、荷蘭、西班牙、日本管轄過，最近的管轄者則是民主制度下的台灣人民。中華人民共和國連一分鐘都未管轄過台灣。那面中共的五星旗從未在台灣領土上空飄揚過。那個國名台灣未曾採用過。那個政府台灣從未接受過。那個制度從未在台灣建立過。如此這般，中華人民共和國政府竟然把台灣當成「叛離的省份」，揚言必要時，要以非和平手段收回。

若大英帝國首相宣稱美國是聯合王國（包括大不列顛和北愛爾蘭）的叛離省份，這還多少有點道理。若日本首相宣布台灣是叛離日本的省份，那就更有道理了，因為一八九五年清朝簽訂馬關條約（由李鴻章全權代表清朝皇帝簽名），把台灣永遠割讓給日本。日本從一八九五年到一九四五年二戰結束，合法統治台灣五十年，直到

一九五一年九月八日，日本代表簽訂舊金山和平條約後，才正式讓出台灣。此和平條約第二章第二條述及：「日本放棄對福爾摩沙（台灣的葡萄牙名稱）以及外島的權利、所有權和領土佔有權。」仔細看這個條文可以發現，日本放棄對台灣的管轄權，但是並沒述及將台灣讓渡於那一個特定的二次大戰戰勝國。

無需花費太多時間和篇幅，以下就是事發原初：

幾千年來，包括耶穌誕生前的幾個世紀，歷朝的皇帝統治中國直到一九一一年十月十日。當時有一個不可思議的四十五歲醫生，叫做孫逸仙，他領導革命，推翻滿清帝國（清朝），終止中國幾千年來的朝代統治。幾個月後，於一九一二年元月正式改建為民國。

孫逸仙一向對他所認識的美國種種，十分讚賞，尤其特別崇敬林肯。他提倡他所稱的「三民主義：民族、民權、民生」，建立亞洲第一個憲政共和政體。短時間內，他首建立法選舉制度，並創立民族主義政黨，泛稱國民黨。雖然當時除了選舉以外，其他民主制度都尚未建立，但國民黨已經獲得多數人的擁護。他的計劃是，以後按部就班，讓民主制度慢慢演進成立。可是，當時很多人反對他的想法、領導風格和他的國民黨。

二年後，孫逸仙就被推翻了。國民黨內部屠殺不斷，

他逃亡日本。之後他又回來了。靠了共產黨的幫助 ── 真是天曉得的 ── 包括蘇維埃聯邦（根本說不上是林肯的同路人），他收回部份孤立領土。他或許以為他需要共產黨的幫助才可重振權威，他或許也以為他可控制共產黨，不過，這些猜測都只是理論上的推測。他死於一九二五年，死後他獲得更大的影響力，也更受世人敬仰，這是世界偉大領袖人物的考驗。

經過三年的抗爭，國民黨在三年後收復中國。此時國民黨的當權者是蔣介石，他並沒繼續孫逸仙的終極民主目標。

蔣介石統治中國期間，歷經剿共和抗日。抗日戰爭延伸到二次大戰，戰勝國包括蔣介石的中國。

（前述有關第二次世界大戰前的概要，是筆者出生以前發生的事，所以是從閱讀和聽聞當時和以後的文字報導得知的。我無法證實其真實程度。和現況無關的歷史事件，我在此也不予考慮。）

聯軍勝利，結束二次大戰後，所發生的諸多重大事件之一，便是成立聯合國。一九四五年十月二十四日聯合國憲章開始生效。該憲章授予「聯軍五大強國」聯合國安全理事會永久會員國的席次，擁有否決權。這五強排名的先

後是：「中華民國、法國、蘇維埃聯邦共和國、大不列顛和北愛爾蘭聯合王國、美利堅合眾國。」（憲章第五章第二十三條）

聯合國成立和它的憲章生效後四年，毛澤東的共產革命聲威震撼中國，擊敗蔣介石領導的中華民國政府。當勝利者毛澤東在中國各地遍插新國旗、改國名為中華人民共和國、並轉型為共產主義制度時，蔣介石在中國的領導權就在一九四九年十月一日這一天消聲匿跡了。

慘敗的蔣介石政府，和一百多萬追隨他的軍民，獲准避難到台灣。他們認為台灣是中華民國的一部份。在台灣，蔣介石也揚言中華民國 — 而不是中華人民共和國 — 才是「中國大陸的合法政府」，他發誓有一天國民黨一定會反攻大陸收復國土。

美國正確的看出，蔣介石政府在中國的失勢，會使他們喪失一個二戰期間的重要盟友。「誰弄丟了中國？」成了一九五二、一九五六和一九六〇年美國總統競選期間的爭論重點。在美國，主要的候選人或政黨，都不認為美國應該承認毛澤東的革命政府為中國的合法政府，也同意美國應該繼續承認中華民國，因為它是被暴力逐出中國的。

蔣介石的中華民國仍然保持聯合國安全理事會和大會的席次。大部份的西方國家和其他國家都希望蔣介石有一天會成功收復中國大陸，但是沒多少國家相信他真的有這

樣的武力和能力。

毛澤東佔據中國不久,就第一次向外公開警告,假如台灣不和平的「回歸祖國的懷抱」,他將以武力解放台灣。他稱台灣是中國的「叛離」省份,這就是中華人民共和國使用這個口號的開端;沿用至今,每任中華人民共和國的領導人都一致地使用這個口號。(這樣的措辭,就如同伊拉克的海珊指稱科威特是「伊拉克的第十九省」,塞爾維亞的米洛塞維奇認為波士尼亞「已經併入塞爾維亞、克羅埃西亞和斯洛伐尼亞的王國,成了南斯拉夫六個共和國之一」一樣,全都缺少憑據。)

蔣介石的國民黨政府和毛澤東的共產黨政府,都沒有建立民主政體的想法。蔣介石帶到台灣的新移民,是只佔台灣總人口 14% 的少數族群。甚至在蔣介石和他的大部份追隨者還未到達台灣之前,蔣介石就在台灣宣布戒嚴令,這使得絕大多數的台灣人忿忿不平。根據報導,一九四七年二月二十七日,蔣介石來到台灣的二年多前,有一個婦女無照賣菸,遭到專賣局稽查人員毆打,導致二二八事件。這個毆打事件引起二千人在台北示威,接著開始對軍人抗議示威,蔓延全台灣。當時台灣行政長官陳儀接受在中國的蔣介石的指揮。有台灣軍官向陳儀請求增兵,蔣介石便增派軍隊到台灣鎮壓示威。國民黨軍隊總共殘殺了一萬八千到二萬八千名台灣人。(李登輝總統這個

獨特的領導者,於一九九五年才代表國民黨為四十八年前所做的屠殺事件,公開向台灣人民道歉。)

蔣介石於一九四九年十二月十日到達台灣後,繼續施行戒嚴令,嚴禁成立反對黨,監禁那些觸犯他所謂「動員戡亂時期臨時條款」的人。

可是台灣海峽彼岸傳來的消息,對台灣更加不利:毛澤東要以武力收復台灣的威脅不但沒有減退,反而與日俱增。台灣人不願接受「兩個中國」任何一方所指定的長期命運。

在這兩個競爭的統治者之中,蔣介石最大的優點,只在於 — 他不是毛澤東。

從一九五〇年代後段一直到整個一九六〇年代,毛澤東的中華人民共和國的政策 — 大部份是由周恩來總理執行 — 受到全世界的矚目,也讓全世界感到恐懼。毛澤東的「大躍進」土地改革計劃,據估計導致了約二千五百萬人死亡。緊接著就是文化大革命,鼓勵少年人「革除」在毛澤東和人民之間作梗的人,並且鼓勵他們擁戴毛澤東,視他為少年唯一的老爸。成年人受命每天要向學生做兩次思想報告,而且每天要在他們的小孩子面前表演「忠貞舞蹈」。毛澤東鼓勵人民檢舉異端,包括謀殺教師、學者、

藝術家、醫生和各行各業的專業人士（包括政府官員）等行為，在中國各地已是習以為常。數千萬人被殺害，但沒有人知道究竟被殺害的人數有多少。

年輕人拿著紅色「毛語錄」，反覆頌讀，並在遊行中揮搖呼喊。毛語錄中寫著：

> 敵人是不會自行消滅的。無論是中國的反動派，或是美國帝國主義在中國的侵略勢力，都不會自行退出歷史舞台 … 每個共產黨員都應該懂得這個真理：「槍桿子裡面出政權。」… 整個世界只有用槍桿子才可能改造 … 我們的軍隊一向就有兩條方針：第一對敵人要狠，要壓倒它，要消滅它 … 單講兩條絞索：一個黎巴嫩，一個台灣。台灣是老的絞索，美國已經佔領幾年了。 … 是美國人自己造的索子，自己套住的，然後把絞索的一頭丟到中國大陸上，讓我們抓到 …黎巴嫩 … 絞索的一端就丟到阿拉伯民族手裡。不但如此，而且是丟到世界大多數人民手裡 … 它（美國）現在進退兩難，… 遲退，越套越緊，可能成為死結 …

一般說來，世界上的共產政府和一些第三世界的政

府，都同意毛主席的論調。

第三章

聯合國的大混亂

　　聯合國保留蔣介石政府的席次,而不准實際統治中國的毛澤東政府入會,讓毛澤東變得越來越憤怒。為對付聯合國,毛澤東威脅要和印尼的蘇卡諾(Sukarno)總統(他已經退出聯合國)成立一個叫做「新興力量會議」(Conference of New Emerging Forces, CONEFO)的組織,要在國際上和聯合國對抗。

　　有七十七個國家(當時聯合國多數會員國)已經準備要加入「新興力量會議」,可是預計要在印尼舉行的第一次會議,拖延很久,最終因為印尼在一九六七年改換政府而作罷。取代蘇卡諾將軍的新領導人是極端反共的蘇哈托(Suharto)將軍。他清除印尼政府國會中的共黨份子,同時和中華人民共和國、蘇維埃聯邦斷絕外交關係。此外,他與西方國家重建外交,再度申請加入聯合國,摒棄成立新組織來與聯合國對抗的構想。

　　但是,印尼的改變並未使毛澤東死心。中華人民共和

國發誓，只要中華民國（台灣）仍然是聯合國的會員國，而中華人民共和國仍然被認為是非法政府，他就要繼續籌劃「新興力量會議」。可是，「新興力量會議」未能振作，從未成為能影響國際勢力的組織。

那些本來同意要成為「新興力量會議」會員的聯合國會員國，繼續堅持要把中華民國驅逐出聯合國，也堅持要迎接中華人民共和國進入聯合國。擁護毛澤東的國家逐年增多，聯合國終將接受毛澤東政府入會的可能性，也隨之逐年提高了。

尼克森於一九六九年當選總統進入白宮的時候，世界上支持中華人民共和國進入聯合國的聲勢，看來已是無法阻止。

這時，美國和中華人民共和國之間，雖然沒有公開對談的管道，但美國駐波蘭大使史托塞爾（Walter Stoessel）負起了私人秘密溝通的牽線角色。經由這個私人管道的籌劃，促成了尼克森總統國家安全委員會顧問季辛吉於一九七一年中期的北京之旅。

尼克森於一九七一年七月十五日，在電視上所發表的震驚世界的消息，將季辛吉的北京之旅推向了輿論的最高潮：

　　各位觀眾晚安。今晚幾家電台讓我有這個機會，用電視廣播時間，正式發表我們為世界永續和平所做努力的重大進展。我過去三年來，在好幾個場合中已經指出，沒有中華人民共和國和其七億五千萬人民的參與，我們無法有穩定和永續的和平。為此，我主動在好幾個領域裡，展開各種交往，以達成我們兩個國家之間更正常的關係。

　　為達到這個目的，我派遣我的國家安全事務助理季辛吉博士，在他最近的世界之旅途中，特地去北京和周恩來總理見面商談。現在我要宣讀的這份文告，就要在北京和美國同步發表：

　　「周恩來總理和尼克森總統的國家安全事務助理季辛吉博士，在一九七一年七月九日到十一日間舉行雙方會談。得知尼克森總統表達希望訪問中華人民共和國的意願，周恩來總理代表中華人民共和國人民，邀請尼克森總統於一九七二年五月前選擇適當日期來訪問中國。尼克森總統已經欣然地接受這一邀請。中國和美國領導人之間的會談，是要尋求兩國關係的

正常化，也要對雙方關切的問題交換意見。」

　　鑑於此文告發表後，將不可避免引發諸多揣測，我在此要先盡我所能，把我們的政策用最清楚的方式來說明。我們尋求和中華人民共和國建立新關係的作為，絕對不會以犧牲長年的友邦為代價。此舉並非針對任何國家。我們要跟所有國家建立友善的關係。任何國家都可以是我們的友邦，而不必因此成為別的國家的敵國。

　　我採取這個行動，是因為我一直深信，美國和中華人民共和國之間減低緊張、改善關係，可以讓所有的國家受益。就是基於這種信念，我將踏上我深深期望的和平之旅，這不僅僅是為我們這一代的和平，也將是為我們共處同生於地球上的代代子孫的和平。

　　謝謝。晚安。

一九七一年八月四日，羅爵（William Rogers）國務卿發表文告，部份述及：

　　二十年來，亞洲政策中，沒有一個問題比

中國問題 — 以及相關的聯合國代表權問題 —
更困惑世人。這個問題的根源是，兩個政府個
別都宣稱是代表全中國人民的唯一中國政府…
據此，今秋美國將在聯合國大會支持接受中華
人民共和國入會的運作。同時，美國也將反對
任何開除中華民國或剝奪其在聯合國代表權的
運作。

我們幾個月前開始徵詢，得知很多國家都
希望能夠處理中國在安全理事會席次的問題。
當然，根據聯合國憲章條款的規定，這個問題
將由安全理事會來決定。我們的職份是，準備
好接受聯合國會員國的投票表決。我們從幾個
月的徵詢中也得知，解除中華民國的代表權的
運作，將會在聯合國大會遭到強烈的反對。我
已說過，美國當然也會反對。

自聯合國成立後，中華民國一直忠誠盡
職，履行憲章所有義務。在超乎尋常地發展自
己國家經濟之後，他也在國際合作上，對低度
發展的國家 — 特別是非洲國家 — 提供有價值
的技術援助。

因此，不管別的國家對兩個政府代表權的
看法如何，只要他們願意保存中華民國在聯合

國的席次，我們將和他們合作，共襄盛舉⋯

　　毫不意外，中華民國強烈反對美國支持中華人民共和國進入聯合國的決定。但令人意外的是，中華人民共和國宣稱，美國在繼續：「妨礙歸還中華人民共和國在聯合國完整的合法權利，刻意要和中國人民為敵。」中華人民共和國拒絕任何妥協，堅持自己在聯合國取得席次的同時，必須要把中華民國趕出去。

　　一九七一年十月十八日，在尼克森預定訪問北京之前的四個月，聯合國年會辯論開始，大多數國家的立場已經很明顯了。清楚地，大多數國家準備投票贊成開除中華民國的席次。估算了可能的票數後，美國駐聯合國大使老布希（George Herbert Walker Bush）提出美國的新立場，建議把安全理事會的席次讓與中華人民共和國，同時保存中華民國在聯合國大會的席次。

　　在一九七一年十月二十五日 ── 聯合國成立二十六年 ── 的晚間會議上，阿爾巴尼亞（Albania）的共產政府向大會提出一個決議案（未經過安全理事會），提議讓中華人民共和國進入聯合國，並把中華民國從聯合國的所有機構中驅逐出去。

此決議案（聯合國大會 2758 號決議案）的原文如下：

> 根據聯合國憲章原則，考慮歸還中華人民
> 共和國的合法權利，可保護聯合國憲章，同時
> 達成聯合國必須履行憲章的任務，承認中華人
> 民共和國政府的代表是中國的唯一合法駐聯合
> 國代表，並且承認中華人民共和國是安全理事
> 會的五個常任理事國之一。此決議案決定恢復
> 所有中華人民共和國的權利，和承認這個政府
> 的代表是中國駐聯合國的唯一合法代表，並立
> 即把蔣介石的代表逐出他們非法佔據席次的聯
> 合國及其他安置有職位的相關機構。

當然，連贊成阿爾巴尼亞決議案的國家都知道，這個決議案的內容錯誤連篇。在這些錯誤的歷史解釋中，最顯著的是「歸還中華人民共和國的合法權利」，事實上他們根本就沒有這些權利好歸還；「中華人民共和國是安全理事會的五個常任理事國之一」，事實上他們根本不曾是安全理事會的五個常任理事國之一；以及「立即把蔣介石的代表逐出他們非法佔據席次的聯合國」，事實上，中華民國是一九四五年聯合國創會國之一 —— 當時中華人民共和

國尚未建國 — 所以蔣介石的代表在大會和安全理事會的席次，完完全全合乎聯合國的法律規定。

可惜，見怪不怪，面對如此謊言，大部份的外交官員仍只是對著同伴打個大呵欠。眾所周知，多數會員國還是準備投票贊成阿爾巴尼亞的決議案。

察覺到阿爾巴尼亞的決議案可能獲得通過，美國駐聯合國大使老布希立即提出另一個提案，該提案建議將中國代表權的問題歸類為「重要問題」。而依照聯合國的議程規定，所謂的「重要問題」就必須要有三分之二以上的支持（而非簡單多數決）才能通過。他想靠著七個示意要贊成他的提案的會員國代表來挽回逆勢。但事與願違，美國提案以 59 對 55 落敗，十五個會員國棄權未投票。

終局再過幾分鐘就要宣布了。眼看大勢已去，中華民國外交部長周書楷和聯合國大使劉鍇帶領他們的代表團離開聯合國大廈。投票結果為：在當時一百三十一個會員國中，阿爾巴尼亞決議案以 76 對 35 票通過，17 票棄權。結果就是在台灣的中華民國被逐出聯合國，而中華人民共和國取得中華民國自聯合國成立以來所擁有的安全理事會和聯合國大會的席次。

大會會堂喝采歡呼，坦尚尼亞國大使薩利姆（Salim Ahmed Salim）率先在席間通道跳起舞來。

美國老布希大使把這次投票稱之為「醜行可恥的時刻」。這是自一九四一年十二月七日日本帝國偷襲珍珠港，羅斯福總統說這個日子是「醜行可恥的日子」以來，美國政府官員頭一次再用「醜行可恥」這句話來公開評論國際事件。

中華人民共和國取代中華民國在聯合國的席次後，各式反應紛至沓來：

台灣的蔣總統堅稱此次投票非法，說中華人民共和國是「全體中國人民的共同敵人」，聯合國已向「邪惡與暴力低頭」。

中華人民共和國公開宣稱，聯合國多數國家已經表達意願，使「多年來美國帝國主義妨礙我國在聯合國的所有合法權利、以及企圖建立兩個中國的陰謀完全崩潰」。

來自紐約的巴克利（James Buckley）參議員說的話，可以用來總結那些支持台灣的美國人當時的反應：「聯合國大會這次的運作，可視為聯合國這個組織開始崩解的徵兆，因為多數國家決定放棄原則，好來曲意逢迎此時仍被聯合國打著侵略國烙印的政府：一個不管是在原則上還是在行動上都和聯合國憲章條款背道而馳的政府。」

緊接的一九七二年，約定好的尼克森總統訪問中華人

民共和國之旅成行了。

相較於幾個月前的世界政治景觀，尼克森此行是在世界政治情勢已然發生劇烈變化的情況下展開的：此時，中華人民共和國已在國際最有聲望的組織上，取得尊貴的一席，中華民國則變得一無所有，而對毛澤東武力統治下的中國所提供的這些優先承認與尊重，也徹底暴露了聯合國這個組織的道德失敗。

第四章

上海公報

　　尼克森總統在一九七二年二月的中國之行，受到世界大多數政府的讚揚。當然，台灣、南越、南韓這三個亞洲國家不在讚揚的行列之中。他們都極其關注戰爭敵國 ── 中華人民共和國 ── 日益增高的國際地位。蘇聯公開稱讚尼克森總統的中國之旅，但眾所皆知，蘇聯總書記布里茲涅夫（Leonid Brezhnev）會在各方面小心翼翼地關注美國與中華人民共和國之間的握手交好。這兩個世人最曯目的共產政府，有其分分合合的歷史。毛澤東相信蘇聯在已故的史達林（Joseph Stalin）當總理時最道地。赫魯雪夫（Khrushchev）和其後的柯錫金（Kosygin）、布里茲涅夫接班後，毛澤東就再三抱怨「蘇俄的霸權（擴張主義）以及不斷的霸權野心」。 尼克森總統的目的在於，藉此插楔入木，居中離異，以減低蘇聯和中國結盟的可能性。這就是尼克森所謂的「三角關係」：中蘇兩強各居兩角，而美國則佔據第三角，同時保持與中華民國的外交關

係，而不與中華人民共和國建交。

在美國國內，贊成和反對尼克森訪問中國的兩股勢力，辯論得相當激烈。爭論的重點是尼克森離開中國前一天所公布的「上海公報」。這個公報大部份是關於越南、以及巴基斯坦與印度間的紛爭問題。但是理所當然，大家都把焦點放在談及中華人民共和國和台灣的那一段話上。

在上海公報發布之前，尼克森總統曾告訴周恩來總理，美國不支持台灣的獨立運動（事實上，當時的台灣政府也嚴禁台灣獨立運動，嚴禁到將主張台灣獨立的人逮捕入獄的程度），但是，若台灣人民自發地追求台灣獨立，美國也沒有阻止的權力。周恩來可能沒相信過尼克森的這些話。要知道，在一九七二年尼克森總統訪問中國的時候，中華人民共和國和中華民國在反對台灣獨立的立場上是一致的，雖然他們是出於不同的理由（台灣政府在施行民主以後，就放棄了這種反對台獨的立場）。

在一九七二年，當時蔣介石的立場是，他的國民黨是中國的合法政府，他的政黨終究會回到大陸取得統治權，並且繼續持有台灣。而當時毛澤東的立場也表明台灣是中國的一部份，但是只有他的中華人民共和國才是中國 — 包括台灣 — 的合法政府。

正如尼克森總統之後所回憶的（以下盡可能接近他的原話）：「上海公報的敘述用詞，其實不在於表達美國的政策，而只是對美國和中華人民共和國兩方的爭論，提出不同觀點的聲明 —— 並非兩方有何共識，而是我們聲明我們的立場，他們聲明他們的立場 —— 不多不少，如此而已。」接著，他拿出公報原文開始閱讀。（以下底線標示他重讀時強調的話，括弧中的字不是公報的原文，而是他解釋公報時所使用或相近的話。）

公報中有關台灣的部份是「美國方面宣稱：美國知悉（acknowledges，這並不是我們的政策，而只是對當時存在實情的認知）所有台灣海峽兩岸的中國人（即住在台灣的中國人和中華人民共和國的中國人 —— 不包括當地土生土長的台灣人，否則我們的用字就會是「人民」，而不是「中國人」）都主張只有一個中國，而台灣是中國的一部份。（在一九七二年，這樣的說法是正確的。當時的爭論是：在兩個政府間，那一個才擁有台灣與中國的統轄權？）美國政府不挑戰這種立場。（既然兩方都同意這種立場，我們何必挑戰？）心中有此預期，我們的終極目標便是將美國的所有軍隊和軍事裝備

撤出台灣。（當友邦脫離危險時，我們的軍隊便撤離；這一向是我們的國家政策，也符合我們的國家利益。）在這段期間，<u>一旦此地區的緊張程度減弱</u>，美國就會跟著逐漸減少在台灣的軍隊和軍事武裝。（唯有緊張減緩，才會有撤軍之舉。）兩方都同意，必須努力增進雙方人民的相互了解。為達到這個目的，他們研議在科學、科技、文化、運動和新聞業等專門領域，讓「人民對人民」之間得以接觸及交易，以期互相受惠。（你知道的，「人民對人民」是艾森豪首先於一九五六年為促進國際接觸所提出的老話。）每一方都得著手加速兩方接觸與交易的發展。（你要注意，當時爭論的是：誰統治中國？中華人民共和國或中華民國？對此問題，我沒有做出任何聲明。）

上海公報遭到美國國務院故意誤解，而這個誤解又變成以後另外兩個公報的論述基礎 ── 一個是在卡特總統任期發布，另一個則在雷根總統任期發布。國務院的故意誤解，以訛傳訛，年復一年，變得受人矚目，後來竟然使美國政府採納「中華人民共和國是中國的合法政府，而台灣是中國的一部份」的立場。事實上，原先的上海公報從未

聲明、授予、意指、預期或陳述過美國有這樣的立場。

我們或許可以爭辯，上海公報的錯誤，在於其內容只記載了海峽兩岸中國人的立場，而沒有注意到當地土生土長的台灣人，或蔣介石於一九四九年來台灣以前便已住在此地的中國人後裔，他們所持有的立場。但是，當時世界上大部份的人，都將這一爭論理解成一個共產政府（毛政府）和一個反共政府（蔣政府）之間的爭論，這種親共和反共的爭論，在當時是唯一重要的考量。因為在那些日子裡，世界上大部份的國家都不是民主國家，所以蔣介石是否違反民主制度、是否高壓統治台灣，自然不是各個國家的首要顧慮；冷戰迫使各國政府（民主或非民主）只關心共產國家的勝敗。

因為美國若不支持蔣介石，就得支持毛澤東，所以支持蔣介石在當時是唯一的選項。那些在今日不管是支持台灣獨立或反對台灣獨立的美國人，他們大部份在當時都是蔣介石的支持者。假如當地的台灣人在當時能夠形成一個活躍的政治組織，他們必然就會是一股獨立於中華民國和中華人民共和國之外、具有國際知名度的第三勢力。但是當時在台灣，並不存在任何真正訴求台灣獨立的政治團體，因為蔣介石和他的國民黨政權，嚴格禁止追求獨立的台灣人組織政黨，或組織任何具有國際知名度且有行動力的活動。

　　有關台灣和中國的事件不斷湧來。當政治事件稍一停歇，自然事件隨即取而代之。在短短的十七個月間，台灣和中國的領導人相繼過世。在台灣，中華民國的蔣介石於一九七五年四月往生，由他的兒子蔣經國繼位。中華人民共和國的總理周恩來，於一九七六年一月往生，由華國鋒接替（其後的繼承人有趙紫陽、李鵬、朱鎔基、溫家寶）。周恩來死後八個月，毛澤東也於一九七六年九月過世，隨即展開了中國高層的權力鬥爭。

　　權力鬥爭繼續不停，至一九七八年才由鄧小平勝出，其後以中華人民共和國的「最高領導人」見稱於世。甚至毛澤東也沒有過那樣榮耀的頭銜。但是只要知道毛澤東生平的人，便可以知道他之所以沒有使用「最高領導人」的頭銜，並非因為謙遜，而是因為他根本沒有想到還有這樣的稱呼。倘若他今天還可在某處觀看世人，他很可能會因只有「毛主席」的頭銜而難過。可惜，他今天只有接受的份，已無處宣洩怨言了。

第五章

聖誕節前的驚聞

一九七八年聖誕節之前十天，政界成員還留在華府的已經不多。國會議員大多已經回家過節；此時很難在政府高層官員的辦公室裡連絡到他們，因為他們都已出外逛街買禮物；公務人員也慢慢的收拾行李，離開華府，要到新年元月二日禮拜二才會回來；甚至連媒體記者也放棄跑這年末季節期間會有人注意的政治新聞了。

十二月十五日禮拜五的清晨時刻，在前任總統尼克森建於加州聖克里門（San Clemente），被稱為西岸白宮（前總統稱之為太平洋行宮）的住宅裡，電話鈴聲響了。以下是依照當時的電話對話，所盡可能還原的逐字稿：

「總統，我知道一定有人已經告訴過您了，卡特總統今晚會有一場公開演說。」
「今晚？」

「是的，黃金時段，今晚八點鐘。是否您要考慮說些話——」

「關於什麼事？」總統打斷了話題。

猶豫了片刻。總統的朋友希望總統已經得知即將發生的事，因為他不願意成為第一個傳達這件消息的人，但是又覺得讓總統蒙在鼓裡更不好。他輕聲地說：「總統，卡特總統準備要和中華人民共和國建立外交關係了。」

電話沉寂甚久。

沉寂得太久，總統的朋友覺得他應該說些話來打破沉默。「這當然就意味著他要和台灣斷絕外交關係。若非如此，中華人民共和國就不會同意和美國建交，不是嗎？」

又沉默了片刻後，總統回應說：「不行！這樣不行！你的消息來源可靠嗎？」

「他一向誠實可靠。他是一個可以完全信任的人。假如消息不正確，那一定是因為失誤，而不是故意造假。但聽他說來，應該不會有失誤，因為他才剛參加了卡特總統今晚要發表的、有關發起與中國建交的決策會議。」

「消息傳出去了嗎？漏了風聲了嗎？」

「我還不知道。」

「還未傳出去嗎？媒體還未聽到風聲嗎？」

「我不確定，但是我想消息還未傳出去。他告訴我，

卡特總統將於今晚六點半的時候在羅斯福會議室和一個
國會代表團會晤。到那時消息才會傳出去。過後,他演
講之前,也會召見媒體的一些記者。我想他會在樓下高
級職員餐廳和他們見面。至少這些是我所得知有關他們
目前的計劃。」

「他告訴過台灣沒有?蔣總統呢?」

「我不知道。但我想他不至於不告訴他們吧?」

尼克森總統講了下一段話後,電話再次沉寂甚久:
「你可知道,這不只意味著我們要和台灣斷交,同時也意
味著要廢止一九五四年我當副總統的時候,由國務卿杜
勒斯(John Foster Dulles)代表艾森豪總統和台灣簽名成
效的共同防禦條約(Mutual Defense Treaty)。而且,所
有美國軍隊都必須要撤離台灣。這些是我一九七二年去
北京的時候,他們要求我們必須做到的事。他們堅持以
上三件事。他們說,假如我要和他們建交,我就必須做
到這三件事。辦不到!傑瑞(Gerald Ford,傑瑞‧福特總
統)當選總統後,一九七五年去中國的時候,他們也一
樣要求他做這三件事。他也明明白白告訴他們這個辦不
到。」

「總統,卡特總統沒有告訴過您他決定要這麼做嗎?
即使他不想徵求您的意見,至少也要先告訴您一聲。」

「沒有。」停了一下後,他問:「你真的有把握這個消

息是正確的嗎？」

「對這件這麼重要的事情來說，我倒希望我沒有把握。」再沉默了一會兒，然後尼克森說：「我也這麼希望。」

晚上八點十二分，卡特總統走進燈光明亮的總統橢圓辦公室。和幾位電視技術人員打過招呼後，他在辦公桌後面的總統座椅坐下來，手上的演講資料整理幾分鐘後，電視開始轉播。（以下是他的演講辭中最重要的部份。）

各位晚安。首先，我要宣讀現在中華人民共和國領導人也正在北京同步發表的聯合公報：

「美國和中華人民共和國建立外交關係聯合公報，一九七九年元月一日。」

「美國和中華人民共和國同意互相承認對方，自一九七九年元月一日起，建立外交關係。」

「美國承認中華人民共和國是中國的唯一合法政府。」

「在這一情況下，美國人民將繼續維持和台灣人民的

文化、商業和其他非官方關係。」

「美國和中華人民共和國重申一九七二年雙方在上海公報中同意的原則，再度強調我們雙方都希望降低國際軍事衝突的危險。各方都不應尋求建立霸權——就是在亞洲太平洋或世界其他地區憑一國的超強勢力來凌駕於他國——也反對其他國家或多個國家聯手建立這樣的霸權。」

「各方都不預備替任何其他第三方談判事情，或與他國對涉及其他國家的事情表示同意或了解。」

「美國政府知悉（acknowledges）中國的立場是，世界上只有一個中國，而台灣是中國的一部份。」

「雙方都相信，中美關係的正常化，不僅會促進中國和美國人民的利益，同時會促進亞洲和全世界的和平。」

「美國和中華人民共和國將於一九七九年三月一日互派大使，並建立大使館官、職員的聘任和職務運作。」

公報宣讀完畢，總統兩眼直視電視觀眾。他繼續說：

昨天我國和中華人民共和國達成歷史性的協定。再過二個多禮拜，我們二個政府將實現外交關係的全面正常化…

和中國所建立的這種更正面的關係，將使共生於地球上的所有人類受益，也將裨益所有後代的子子孫孫。

我們已經開始照會我們的友邦和其他國家，以及通知國會議員，告訴他們我們所採取行動的詳細內容。但今晚我希望向台灣人民傳達特別的信息。

我已經告知台灣的領導人，美國將一如往常，和他們維持廣泛、密切和友善的關係。這種關係對我們雙方人民來說都很重要。如一九七二年尼克森總統歷史性的初訪中國時，美國在上海公報上所宣示的，我們仍將深切地關注台灣問題的和平解決。

我特別注意到，並且保證，我國和中華人民共和國關係正常化，將不至於危害台灣人民的幸福。

我國人民將經由非官方途徑和台灣維持現行良好的商業、文化、貿易和其他關係。世界上的很多國家已如

此順利的運作多時了。

　　這些決定和行動，為我國和世界事務開啟了重要的歷史新頁。為了加強和加速中國和美國新關係的利益，我在此帶著愉悅的心情告訴大家，副總理鄧小平已經接受我們的邀請，將於一月底訪問華府。他的來訪將使我們兩個政府有互相商談世界性議題的機會，開始為促進世界和平共同努力。

　　這些重大事件，是一連串漫長、嚴肅的協商過程的最終成果。這個協商過程是由尼克森總統在一九七二年起頭，然後在福特總統的帶領下繼續到現在。這些成果，可證明我們國家所做的持續、堅決、並且兩黨都支持的努力，將會使所有國家都把和平當作自身的目標和責任，共同建立一個和平的世界。

　　美國和中國關係的正常化，沒有其他目的，就只為促進世界和平。帶著這種心情，在這安詳的季節裡，今晚我很榮幸能和大家分享這個好消息。

　　非常感謝。

電視轉播結束。卡特總統倚靠在椅子上，似乎自言自語滿足地說出：「全國鼓掌慶賀吧！」

鼓掌慶賀的可能不是全國人民，而只是國務院的全體外交人員。

卡特公報最明顯的敗筆是，他以誤解尼克森的上海公報做為他自己公報的立論基礎。卡特公報述及：「美國和中華人民共和國確認雙方在上海公報中同意的原則。」其實，上海公報很清楚地沒寫下什麼「原則」，也沒有述及美國和中華人民共和國對此假想的原則有什麼同意或不同意的問題。最糟的是，卡特總統在演講中斷言：「美國承認中華人民共和國政府是中國唯一的合法政府 … 美國政府知悉中國的立場是，世界上只有一個中國，而台灣是中國的一部份。」

上面公報中以刪節號（…）分開的那兩句話 — 中間被其他的話隔開 — 顯示了卡特身為美國總統，把台灣看成是中華人民共和國的一部份，其實是激烈地改變了美國既有的政策。他雖然繼承上海公報中的文句「美國知悉 … 」聲明，但在這個文句之前，竟加上了「承認中華人民共和國是中國唯一的合法政府」這段話。（卡特公報發表數年後，一九八二年八月十七日雷根（Ronald Reagan）執政時簽訂的第三個聯合公報，重複了卡特公

報的說法。紀錄如下：「在一九七九年元月一日美國政府和中華人民共和國發表建交的聯合公報中，美國政府承認中華人民共和國乃中國唯一的合法政府，並知悉中國的立場是，世界上只有一個中國，而台灣是中國的一部份…」。）

　　卡特總統演說一結束，在台灣的台北美國大使館外面，就馬上有示威遊行，抗議卡特總統的決定。中華民國總統蔣經國說：「現在美國已經違背了保證，廢止了共同防禦條約，將來美國政府再也無法期望獲得自由國家的信任。」他說卡特總統與中共的建交是「不智而且可怖的做法」，美國「從未和友邦斷絕關係。但他現在已經這樣做了」。

　　高華德（Barry Goldwater）參議員揚言要到法院控告卡特總統廢止一九五四年的共同防禦條約的做法是「既違法又違憲」。

　　美國勞工工業組織聯盟（American Federation of Labor and Congress of Industrial Organizations, AFL-CIO）主席彌尼（George Meany）說，他無法理解：「為什麼這位以發揚世界人權為己任的總統，會在剎那間無情無義的不理會中國被奴役的人民，以及忽視懼怕遭受中國奴役的台灣人民的人權議題。」

演說過後二十四小時，卡特自白宮寄給前總統尼克森一份簡報。

尼克森總統維持美國傳統，卸任總統不公開批評現任總統。但在私底下，他並未支持卡特的決定。卡特總統演說過後五天，他寄了一封至今尚未對媒體和大眾公開的私人信函給卡特總統。在這私函中，他試著以理解、對卡特總統職位的尊重、現實政治、心理考量、以及最主要的——禮儀，來掩飾他內心的忿怒。但是他終究隱藏不了他的忿怒。全函如下。

一九七八年十二月二十日

親愛的總統先生：

承蒙關切，寄下的簡報我收悉後，對您和中華人民共和國建交的決定，我想表達一些我個人的觀點。

因為您所做的事已經成為美國的政策，而我也認為事後公開揣測您的所作所為並沒有建設性的收益，所以我一直未公開發表任何意見。

然而，對於您所執行的政策和其有關問題，我
有一些看法，提供您參考，或能有所幫助。

首先，根據我的經驗，特別是當您在和中
國談判的時候，若想要成功達成共識，則協商
過程絕對要保密。密商達成共識後，國會當然
將會有機會通過為執行合約所需要的適當撥
款，和其他立法的任務。

我關心的事主要有三項：中國保證不以武
力來解決台灣問題是否能令人相信；鑑於美國
單方面終止台灣條約，以後其他友邦和友人對
美國承諾的信賴度，是否會受到影響；以及，
您做為總統，在將來要發起其他外交決策時，
是否能得到公眾的支持。

任何通情達理的人，都不會懷疑（國家
安全顧問）布熱津斯基博士（Dr. Zbigniew
Brzezinski）的說法，他說中華人民共和國事實
上是中國的政府，因為民眾和領土的控制權全
在他們的手上。但是，也沒有一個政治現實主
義者，會忽視住在台灣的一千七百萬人民 ─ 他

們在非共產政府制度下，富足繁榮 —— 在我國國
內和國會中，有一股幾乎狂熱的支持力量。您
在十二月十五日的電視演說中，提到了這個問
題。可是，我相信，您和您的代表官員必須要
給台灣更多堅決和明確的保證。

我認為，中華人民共和國實際上要以武力
來攻打台灣的可能性，是好幾年以後的事。但
是我相信，美國應該公開正式聲明，中國若以
武力攻打台灣，必然會無法彌補傷害美國與中
華人民共和國之間的關係。我們也應該清楚表
明，我們不只擁有核准美國的軍火商銷售軍火
給台灣的權利，而且，為要阻止中國武力攻打
台灣的可能情況發生，必要時我們將會不斷地
履行這個權利。假如您認為在當前和中華人民
共和國談判的敏感情況下，我們的政府不適宜
做出上述這些聲明，那麼，我不會阻止由國會
來做這方面的聲明。假如國會果真採取上述行
動，我想敦促您不要公開反對，只要私下告訴
中國這個問題即可。中國當然會全力反對，但
是他們也不得不了解，因為我們需要他們，而
他們更需要我們。他們也會深深了解這個事實

的重要性：最和台灣親善的人，同時也是最反對蘇俄的人。

有人認為，美國國內親台的勢力是愚蠢的、短視的、鹵莽的。姑且認定這種說法是真的，但還是必須認識到，這些親台勢力是美國當前政治環境中的現實，具有很大的左右力量。假如不設法減緩他們的反對聲浪，那麼你在小地方或許仍可小勝，但是在大局勢中最終可能會大敗，因為這事所帶給您今後必須要打的外交和防衛政策戰役的餘波，其激烈的程度將使之前的巴拿馬運河的爭論，變得如同禮拜天主日學的郊遊那樣微不足道。

鑑於您這次的決定對其他的友邦和友人的可能影響，為尋求他們的諒解，我相信您必須再度表明台灣只是一個特例，美國仍會像以往那樣，堅決地捍衛它所簽署的條約和所做出的承諾，絕不會因為我們判斷所訂條約已不符合我們的利益，我們就斷然予以廢除。在此我謹呈諫言，您可以主動表示，雖然您堅持憲法賦予總統不經參議院決議即有廢除條約的權利，

但是從今以後，您會自動把這類的決定先送交參議院評審。

　　至於個別的國家，我最關心的是韓國。我知道您已經宣布，決定最遲要在一九八三年撤出美國軍隊。鑑於目前蘇俄支持阿富汗、衣索匹亞和非洲的其他國家的冒險主義政策（adventurist policies），我要力勸您重新考慮從韓國撤軍的決定。假如您認為不應該這麼做，那麼我建議您，此時應該大筆增加對南韓軍援的預算，這是當前最有用的象徵性行動，當可清楚地告知北韓和其他國家，這次關於台灣的決定，絕對不是美國要開始從亞洲其他國家撤軍的前奏。

　　菲律賓、印尼和伊朗，因為腐敗墮落以及對人權所做的不同程度的殘害，顯現了種種的難題。此時，由於對台灣所做的決定，我相信我們有必要對這些國家提供公開及私下的無條件資助。我們一方面在計斤計兩酌情協助一些人權還稍微存在的國家的同時，另一方面卻戲劇性地和毫無人權的中華人民共和國建立完全

正常的合作關係，這無疑是十分諷刺的事情。

　　我無意批評您為此理想表達的雄辯語辭，但是，我覺得當前對人權的最大威脅來自於極權左派，而非專制右派[1]。

　　至於我所關心的第三項問題，曾經發起緩和與蘇聯之間緊張關係的我，根據閱報，必須坦誠相告，我對目前戰略武器限制談判 II（SALT II）所考慮的條件，有好些重大的疑問。然而，我相信如果參議員是因為憎恨您和中華人民共和國正常化的決定，而投票反對戰略武器限制談判，那就會是件極其不幸的事。我們聽說，有些支持巴拿馬條約的參議員，想要尋找療傷止痛的機會[2]。他們已經沒有辦法拿與中華人民共和國的外交正常化來開刀，因為此事已成定

1　譯註：尼克森總統信中所提到的「極權左派」，如蘇聯和中華人民共和國，是領土擴張主義者；威脅鄰國；控制國民出國，並對民主國家，如美國，不友善。「專權右派」，如伊朗沙王、尼加拉瓜的索墨乍（Somoza）和薩爾瓦多的羅梅洛（Romero），非領土擴張主義者；不威脅鄰國；鼓勵國民出國進修，並對民主國家，如美國，態度友善。

2　譯註：參議員因贊成通過巴拿馬運河條約，放棄美國對巴拿馬運河的控制權，因而失去很多選民的支持，所以需「療傷止痛」。

局。但他們很有可能會拿戰略武器限制談判這個個別性政策，以及拿緩和國際緊張這個一般性政策來開刀，以消解他們挫敗的情緒。因為贊成巴拿馬條約被看成是「軟弱」的表現，所以他們正在尋找對策，好表現自己「強硬」的一面，以求得平衡。投票反對戰略武器限制談判，對他們來說是個好機會。

我相信，此時是一個關鍵的時刻，無論如何，在面對共產強權時，您的一舉一動都不能讓人看作是軟弱或示弱。例如，此刻和古巴及越南正常化的任何計劃，都不應急著考慮。看看這兩個國家對自己和別國人民野蠻的行為，我猜想您也有同樣的意向吧。

此函冗長，十分抱歉。想像得到，我信中很多建議，可能是像往澳洲新堡煤港送煤炭，或如日本人所說的，往神戶灘區酒廠送酒一般，純屬多此一舉。

從純粹的黨派政治考量，我不希望您採納我的勸告。但是，美國和世界的安危實在太重

要了，使我無法保持平常的黨派觀點。您有最佳的機會領導我國和世界步入繁榮、和平和公義的新時代。誠如（德州國會議員）威爾森（Charlie Wilson）所言 — 對您有益的事，同樣也會是對美國有益的事。假如這事在一九八〇年時能帶給您諸多愉快的回報，那都是您應得的福分。

請不必費時回信。我寫這封信並不是為了要「留下紀錄」，也不打算對外公開此信。我知道在這個時候，您會特別繁忙於國家預算的最終決定、國家諮情演說的準備以及議程上與布雷茲尼夫（Brezhnev）可能舉行的高峰會晤。

專此熱誠問候

尼克森 上

卡特總統的回函，全文如下：

十二月二十二日

給尼克森總統：

十分感謝您傑出的來函，它對我很有幫助。在和中華人民共和國談判的時候，雖有些困難，但是我們還是保留了如您信中所提的選項。

當您收到戰略武器限制談判 II（SALT II）的最後簡報後，歡迎再次來函分析賜教。這一簡報我們曾經勞心勞力，費了好多時日才完成，應具有很高的成功希望。

　祝您和家人平安快樂

　　　　　　　　　　　　　卡特 上

中華民國在美國原有的大使館和領事館，就由中華人民共和國接收，台灣的事務處變成「北美事務協調處」（CCNAA），後來改稱為「台北經濟文化代表處」（TECRO）。在台北，美國的大使館已不再是大使館，而是「美國在台協會」（AIT），由退休的美國外交官員來運作。美國協會（The American Institution）的總部位於華盛頓哥倫比亞特區，隔波多馬克（Potomac）河對面的維吉尼亞州阿令頓市（Arlington, Virginia），而不在華府特區境內，由休假中的外交人員來運作。國際電信聯盟

（International Telecommunication Union）甚至只給台灣一個非官方的國家代號 886，簡單標示為「備用」。中華人民共和國不用此代號，因為那是國際代號。他們播台灣電話號碼時，用國內的 06 代號。

一九七九年四月十日，美國國會第九十六屆開會，盛怒的多數議員通過台灣關係法。內容如下：

> 由於美國總統已終止美國和台灣統治當局（在一九七九年一月一日前美國承認其為中華民國）之間的政府關係，美國國會認為有必要制訂本法，以助保障西太平洋地區之和平、安全及安定；授權繼續維持美國人民及台灣人民間的商務、文化及其他各種關係，以促進美國外交政策的推行…

> 美國將提供適量範圍的防衛物資和防衛服務，使台灣能夠保持充分的自衛能力。總統和國會將全部依照台灣的需要做判斷，依關係法的程序，決定這些防衛物資和防衛服務的數量和性質。對台灣防衛需要的判斷，應包括美國軍事當局向總統及國會提供建議時的考察評鑑

報告。

　　台灣人民的安全或社會和經濟系統受到威脅，以及因此有任何危及美國利益時，關係法指定總統必須立刻通告國會。總統和國會即依憲法程序，決定美國對這些危機的適當因應措施。

　　自一九七九年以後，台灣關係法就成為美國對台政策的主要法定文件。

　　高華德參議員依先前聲言，到法院控告卡特總統非法廢除一九五四年（美國和台灣間的）共同防禦條約。國會有二十四位議員參與。他的立場是，因為條約成立必須同時經由三分之二的參議員參與、同意方能生效，那麼要廢除條約，也必須經由同樣的程序。因為共同防禦條約要到一九八〇年元月一日才滿期，還有時間來防止該條約的廢止。（與中華人民共和國外交關係的決定，已於一九七九年元月一日生效。）

　　美國地方法院首先於六月六日駁回高華德的控訴，理由是行政機關和立法機關的爭論，應由這兩個政府部門自行解決。但駁回的理由書中提到了一點：若以整體的參

議院或眾議院提出訴訟，則「這個爭論就達到可交由司法裁定的程度」。

幾個鐘頭內，參議院隨即採取行動，以五十九對三十五的票數，通過一個（無拘束力的）參院決議案。該決議案規定，美國和另一國家終結任何共同防禦條約時，都須經由參議院的同意。

經歷一九七九年的三次法庭程序後，最後的決定才出爐：

十月十七日：參議員的意見送到法院，美國地方法院重新審查先前的判決後，判定卡特總統需經國會同意，才能廢除共同防禦條約。嘉徐（Oliver Gasch）法官命令終止廢除共同防禦條約的程序：「至少在本案的情況下，涉及到與忠誠友邦的共同防禦條約，此友邦不曾違背條約中同意的條件，而此協約也未曾在不同情況下失效過，美國要廢除此條約的決定，必須經過參議員的規勸和同意，或經由國會兩院同意。這種決定，不能單由總統定案。」

十一月三十日：美國哥倫比亞特區上訴法院以四比一的票數，判決卡特總統確有片面終止一九五四年的共同防

禦條約的權責。「維持靈活的國際關係所需的微妙手法，正是外交的本質所在，而根據憲法規定，外交領域的主事者應是總統而非國會。」（這個判決是參考一九三六年美國高等法院的多數意見，參見索色蘭（George Sutherland）法官的 *U.S. v. Curtiss-Wright Export Corp.*。）

　　高華德參議員於是將此案提告美國高等法院。

　　十二月十三日：美國高等法院以七對二票反對考慮此案，這一駁回，使美國哥倫比亞特區上訴法院的裁決成了定案。因為需要有四位高等法院的法官才能逕行考慮案件，因此共同防禦條約的廢止就此生效。

　　在中華人民共和國國內，鄧小平開始取得近乎神的地位。但對於大部份的美國人來說，實在難以認同對鄧小平的崇拜。一九五二年韓戰的時候，中華人民共和國參戰，幫助（甚至可以說拯救）北韓。當時鄧小平是中華人民共和國的副總理。在此戰中，美國方面有三萬六千九百十六人喪生，十萬三千二百八十四人受傷。一九七三年，中華人民共和國支持違反巴黎和平協定的北越的時候，鄧小平當時又是副總理。越戰期間，五萬八千一百九十三個美國人喪生，十五萬三千三百六十三個美國人受傷。鄧小平在柬埔寨種族大屠殺前後，又支持並援助高棉紅軍的波布

（Pol Pot）。而且，他在一九七八年下令嚴厲懲罰和監禁在北京民主牆上張貼字條的民眾。

鄧小平在一九七八年聖誕節所收到最大的禮物是，卡特總統決定犧牲美國與台灣的外交關係，來換取美國與中華人民共和國的外交關係。卡特總統當晚在電視上說：「和中國所建立的這種更正面的關係，將使共生於地球上的所有人類受益，也將裨益所有後代的子子孫孫。」

他錯了。十年半後的一九八九年，鄧小平和李鵬總理，下令進行天安門屠殺，殺害了數千名示威民眾，他們的訴求充其量是想和領導階層對話，最多也不過是要求實行民主制度。鄧小平生前一直替他的屠殺事件辯護，至死毫無悔意。

同樣地，卡特總統也是繼續替他自己決定的 1978 年聖誕禮物辯護。

第六章

背書與認同

　　一九八〇年雷根當選為美國總統，其後一九八八年老布希繼任。令人驚訝的是，在這二位總統任內，前任卡特總統對台灣和中國所確立的政策，竟然還是保持不變。支持台灣的人對此萬分失望，因為除了少數的例外，雷根最熱心的追隨者同時也是最熱心支持台灣的人士。此外，雷根對外交政策一向採取強硬手段，他過去也有堅定支持台灣的紀錄。他的副總統，也就是以後成為總統的老布希，在任職聯合國大使期間，也曾為保存台灣在聯合國大會的席次做過一番努力。（福特總統後來派任他為駐北京的第一位連絡官。這或許促成了他以後對中華人民共和國比較友善的態度。）

　　同樣令人失望的是，雷根之所以延循卡特總統的政策，其依據不僅是基於國務院的勸告，還是因為要遵循一個重要的美國傳統，就是現任總統除了極其特殊的情況或極端改變的條件下，不違背前任總統簽訂的國際契約（大

部份的民主國家都有這個傳統）。這個傳統是為了要保全外交政策的一致性，以及讓外國相信美國的契約就是國家的諾言，而不僅僅是個別總統的諾言。卡特關於台灣與中華人民共和國的決定之所以有那麼強烈的爆炸性，就在於該決定恰恰偏離了這個美國傳統。

雖然民主國家通常會遵循前任政府所簽訂的契約，但是非民主國家，卻通常只有在該契約與現任政府的政策相符合的時候，才會保留前任政府和外國所簽訂的契約。中國就是最好的例子。

中國先前的政府（中國皇帝）和英國（英國皇帝）簽了契約，簽訂香港島的所有權將永遠（in perpetuity）屬於英國。但中華人民共和國對此國際契約不認帳。中國先前的政府（中國皇帝）和英國（英國皇帝）簽了契約，簽訂九龍半島的所有權將永遠（in perpetuity）屬於英國。中華人民共和國對此國際契約也不認帳。中國先前的政府（中國皇帝）和日本（日本天皇）簽了契約，簽訂台灣的所有權將永遠（in perpetuity）屬於日本。但中華人民共和國對此國際契約同樣不認帳。但是，一說到很久以前中國的皇帝曾經擁有過台灣，中國就堅持要現在住在台灣的自由人民，買古時候中國皇帝國際契約的舊帳。中國如此前後不一致的做法，竟也得到了國際的認可，認為台灣必須堅守前朝政府的諾言，而中國卻無需如此照辦。

雷根和老布希總統任內的台灣政策，雖然沒有重大變更，但是，由幾個甚具意義的事件，可看出這兩個政府，還留有卡特總統對台政策的跡象。

一九八二年八月十七日，雷根總統宣布一份（由國務院起稿的）公報。這份公報成了尼克森總統的上海公報、以及卡特總統和中華人民共和國正式建交的公報以後的第三份公報。雷根的公報多半以卡特的公報為基礎。除了以上提過的部份內容外，此第三公報還提到：

> 互相尊重雙方的自主權和領土完整，同時不干涉各國內政，是引導美、中關係的基本原則。這些原則，在一九七二年二月二十八日的上海公報中確定，在一九七九年一月一日生效的，建立外交聯合公報中再次確定。雙方強調這些原則將繼續指導彼此關係的所有面向。

> 美國認為與中國的關係極其重要，並且重述下列幾個重點：美國無意侵犯中國主權和領土的完整，無意干涉中國內政，也無意追求「兩個中國」或「一中一台」的政策。（雷根公報中對上海公報的誤解，與卡特公報中對上海

公報的誤解如出一轍。）

在雷根總統的公報發表之前一個月，與中華人民共和國之間的討論還在進行的時候，雷根總統曾向台灣的蔣經國總統解釋美國的政策。（這個做法並未得到國務院的熱心支持。）雷根的聲明很快的就在台灣被認為是「六項保證」：

1. 美國沒有設定終止軍售給台灣的日期。
2. 美國不會改變台灣關係法的條文內容。
3. 美國決定軍售給台灣以前，不會事先與中國商量。
4. 美國不會居中調停台灣和中國的事務。
5. 美國不會改變台灣主權問題應由中國人自行解決的立場，且不會迫使台灣和中國談判。（注意：文中繼續用「中國人」一辭，而不用「中國人和台灣人」。）
6. 美國不會正式承認中國對台灣擁有統治權。

此六項保證讓台灣人民，特別是蔣經國總統，舒了一口氣。蔣經國那時正在逐漸解除他父親蔣介石政權長年向台灣人民施壓的獨裁管制。

　　美國國防部啟動了一個突發事件計劃（稱為 Opian
0577）。該計劃研議，一旦中華人民共和國攻打台灣，美
國該有哪些應對手段。簡言之，這些研擬好而暫時擱置的
「所有選項」，隨時都可啟用。

　　到了一九八七年，蔣經國進行解除戒嚴和廢止
一九四九年開始施行的臨時條款。這些新的自由讓異議份
子的數目增加，聲勢也增高了。很多異議份子已聯合成立
了一個政黨：民主進步黨。雖然一開始宣稱該舉動為違
法，但蔣經國並未採取壓制的手段。他並沒有制止民進黨
或其他反對國民黨的政黨的成立。

　　蔣經國總統於一九八八年去世，副總統李登輝繼任，
成了第一位台灣出生（生於日治時代）的總統。李總統
於一九八九年完全開放合法組織反對政黨的權利。（其中
的民主進步黨，後來於二○○○年和二○○四年贏得總統大
選。）

　　除了第三個公報和六項保證外，還有一個擱置未決
的議案，是卡特總統的繼任者必須決定的：是否繼續給
予中華人民共和國最優惠貿易國（Most Favored Nation,
MFN）的資格？（中國的最優惠貿易國資格中止於

一九五一年九月一日杜魯門總統任內，一九五二年七月十四日正式生效。二十七年後，卡特總統在他的任內，即一九七九年七月十七日，建議恢復中國的該項資格，第九十六屆國會於一九八〇年一月二十四日通過。）

雷根總統和接任的老布希總統，都同意繼續給予中國最優惠貿易國的資格。

一九八九年六月，在老布希總統任內，發生一件震驚全世界的事件。中華人民共和國的遊行示威者，在天安門廣場慘遭屠殺，數千名遊行示威者被鄧小平和李鵬總理下令解決掉。這當然是一個極其特殊的情況，特殊到足以讓美國總統有充分的理由來改變先前的政策方向。

在民眾示威期間（尚未開始屠殺），美國貝克（James Baker）國務卿和國家安全顧問史果克羅夫特（Brent Scowcroft）要求「雙方克制」。此說沒有偏袒任何一方，無需解說。它的意思就是，美國政府不要中華人民共和國政府殺害任何人，但是示威者也應該解散回家。簡言之，這兩位美國高級官員所說的，正是中華人民共和國希望聽到的「公正之言」。

天安門屠殺之後，老布希總統宣布如下制裁中國的手段：吊銷軍用器材、停止政府對政府貿易、延長在美國

留學的中國學生簽證、以及停止美國和中華人民共和國之間的高階層官員會談。但是，背著美國國民而進行的是，副國務卿伊格爾伯格（Lawrence Eagleburger）和國家安全顧問史果克羅夫特於一九八九年七月 ── 天安門屠殺後不到幾星期 ── 就往訪了北京。這當然是高階層官員的會談。這兩人於一九八九年十二月再度走訪北京。我們要知道，敏感度這麼高的出訪，一定是由總統決定的，而我們有理由相信，副國務卿伊格爾伯格對這次被派往中國的任務，並不熱衷，甚至不贊同。

屠殺後十幾天，中國最高領導人鄧小平預言：「一旦政治情勢穩定下來，經濟起動，老外就又會回來敲上門。」

老鄧其實太過悲觀。老外商人早在他預期的日子之前，就已經敲上門來了。

第七章
只談生意

一九九二年三月九日，美國總統候選人柯林頓說：「我相信我們不應該再繼續給予中國最優惠貿易國家資格，除非他們在人權、武裝擴張和公平交易方面有重大進步。」

一九九一年五月一日，台灣的李登輝總統宣布廢除所有蔣介石時代實施的獨裁和違反民主的法律，包括授與台灣總統獨裁權力的「動員戡亂時期臨時條款」。另外，李總統正式取消國民黨政府從一九四九年至今，反攻大陸復興中國的誓言。這一舉動確認了台灣不管是在實際上還是在宣傳上，都已不再對中華人民共和國構成威脅。 從那時開始，在這個海島國家裡，把台灣稱做「台灣」的人越來越多，而蔣介石國民黨時代的「中華民國」一詞則逐漸被廢棄不用。不像有些人設想的那樣，中華人民共和國並沒有因為台灣放棄對它的威脅而得到絲毫的慰藉。鄧小平

的北京政府反而比較喜歡中華民國的老主張 — 主張台灣
對中國擁有統轄權,而不是將自己視為與中國有所區隔的
實體。因為,當台灣威脅要收復中國的時候,至少它還把
自己看成是中國的一部份。為了報復台灣的這種轉變,中
華人民共和國不但沒有減輕它對台灣的威脅,反而還增強
了威脅,指責它是一個「分離份子」的政府。

一九九二年十月一日,美國總統候選人柯林頓說:
「布希先生的中國政策,是一個能夠說明其無視於民主價
值的最顯著例子 … 我相信我們的國家有著比姑息獨裁者
更崇高的立國宗旨。」

一九九二年十一月三日,總統候選人柯林頓當選為美
國總統,他在一九九三年一月二十日就職。

一九九三年五月二十八日,柯林頓總統 — 與他競選
時的聲明相左 — 簽署了繼續給予中國一年最優惠貿易國
資格的行政命令。他說:「我們認為中國的發展和經濟改
革的過程,將有望能帶給中國更大的政治自由。今天我
們面對的問題是,在清楚表達我們反對中國的種種高壓
政策時,如何盡我們所能地來培育這些有希望改變中國
的種子。」他同時要求次年中國最優惠貿易國資格的續

約，必須以中國整體人權狀況的重大進展為先決條件。

第103屆國會批准了繼續給予中國最優惠貿易國的資格。(有個一九七四年通過的法律，允許國會可以不批准這種法案的延續。國會若不贊成，總統當然有否決權，經總統否決後，國會參議院和眾議院又可以三分之二多數來反對總統的決定，而後定案。)

一年後，一九九四年五月三日，在最優惠國資格審查期間，柯林頓總統說:「對美國或對其他的國家來說，想要指導中國 ── 這個國力如此強盛的國家 ── 應該要怎樣治理內政、如何對待它的人民或者應該訂定什麼法律，這樣的想法是不適當的。這樣的干預是錯誤的。」然後，在一九九四年五月二十六日，他說「中國仍然繼續嚴重踐踏人權」，但不管如何，他還是會延續給中國最優惠貿易國的資格。延續最優惠國資格「可以提供我們最佳的機會，在人權進步方面奠定久遠的基礎，也可增進我們與中國交往的其他利益」。

第103屆國會批准了。

一年後，一九九五年五月二十六日，柯林頓總統又

延續了最優惠國資格。這次他甚至更進一步表示,他從此
要「取消人權與每年延續中國最優惠貿易國資格之間的
關聯」。

　　第104屆國會批准了。

　　如此,中國的最優惠貿易國資格,每年繼續在不考慮
人權侵害的情形下,統統批准了。

　　第105屆國會批准了。

　　一九九五年六月,不顧美國國務院的建議,台灣的
李總統接受了康乃爾大學的邀請,前往領取該校的傑出院
友獎。為了報復李總統這趟康乃爾之旅,中華人民共和國
就在台灣附近的水域展開了飛彈演習,並且召回其駐美大
使。

　　隔年台灣將舉行總統普選,而中華人民共和國最關
心的事,莫過於李總統可能當選連任。為要影響選情,讓
李總統連任不成,在一九九六年三月,台灣總統大選前
夕,中華人民共和國在台灣海峽西北部舉行了密集的海陸
空軍事演習。另外,中華人民共和國也向台灣兩處港口的

海岸附近射擊了四顆未武裝的地對地飛彈。

中華人民共和國警告美國不可干涉其「內政」，但是柯林頓總統此時並沒有遵循較尋常、較軟弱的模糊做法，反而派遣二艘航空母艦戰鬥群到這個區域（二艘航空母艦和三十六艘支援艦和潛水艇），但是他沒有讓這些軍艦通過台灣海峽。他決定在這場大規模的軍事操作中亮出美國國旗，中國的武嚇隨即平息，事後證明該決定是有效的。

台灣總統選舉完畢之後，這一事件也就結束了。宣稱中華人民共和國的舉動為「國家恐怖主義」的李登輝，得到了 54% 的選票。一九九六年的選舉結果，讓李登輝成為台灣第一位由人民直接選舉出來的總統。早先台灣的總統選舉和改選皆由國民大會（一九四六年在大陸成立，多年來一直由國民黨控制）來進行，規避了由人民來直選總統的概念，甚至迴避台灣立法院的核可（立法院是一九四七—一九四八年在中國成立，到台灣後繼續保留沿用的立法機關）。

北京並不歡迎李總統的勝選。北京所支持的香港《文匯報》，曾引述一名資深的人民解放軍官員的話：「將來不會排除採取更大規模的軍事行動，或以軍事力量來攻擊台灣獨立陰謀和試圖阻礙中國統一的外國勢力。」

這個聲明沒什麼新意，只是用不同的話再老調重彈一

次而已。

一九九七年二月十九日，中華人民共和國的「最高領導人」鄧小平於九十二歲高齡去世。雖然鄧小平在他死亡的時候，已經沒有擔任任何公職，而且江澤民也已經接收了政府的正式領導權，但鄧小平不需要任何職位就能得到中華人民共和國和美國國務院的敬佩和尊敬。（他實際上還有一個「橋委員長」的頭銜。不過，可不要把它和跨過河流和道路的橋樑聯想在一起，因為這個委員會只打「橋牌」。）他的紀念碑沒有「民主女神」的雕像。這座雕像是學生在天安門廣場修造架設的，一九八九年六月五日黎明，當軍人移走數千具被屠殺的屍體的時候，該座雕像被一架坦克車同時搗毀。

鄧小平死後的名望遺留給跟隨他的那些人，甚至於留給了試圖替他辯解天安門廣場大屠殺的繼承人，他們是國家主席江澤民和總理李鵬（之後的跟隨者是胡錦濤主席和溫家寶總理）。

一九九七年五月，柯林頓總統指責中華人民共和國政府允許複製美國商品的海盜版。這是有事實根據的指控：中國的公司盜製翻印美國電影、音樂影片、錄音、光碟片和美國人的其他智慧產品，違犯版權協議。在美國工

商業界的支持下，柯林頓總統威脅中華人民共和國，如果這種版權侵害的行為繼續下去，美國對中國的進口關稅將會增加到 100%，以資懲罰。這就意味著，包括紡織品、合成纖維服裝、化妝用品和汽車零件等從中國進口到美國的項目，將被加上總額高達億萬美元的新關稅。

在這種威脅之下，中華人民共和國政府不得不出面禁止國家內部的海盜行為（至少暫時如此），也因此美國無需新增對中國進口品的關稅。這是柯林頓總統和美國工商業界一次卓越和高尚的勝利。

但是在此同時，卻也顯露出既不偉大也不高尚的另一面。總統和許多工商業界人士，願意因為中華人民共和國侵害版權的行為，向他們施行有效的經濟處罰，卻不願意因為中國侵犯人權的惡行，而向他們施行有效的經濟處罰。

圖謀暴利的商人一想到中國，就只想到大家常掛在嘴邊的，他們有超過十億的消費者。但是，他們也應該想一想，大家不常提到的事 — 中國有超過十億的人民。

一九九八年三月十三日，美國宣布它將不再向聯合國人權委員會，提出譴責中華人民共和國侵害人權的決議案。過去，自從天安門大屠殺以來，美國每年都這麼做。

這個決議案多年來都未通過，但美國主持這個決議案，可以強有力地顯示美國人民對此議題的關切。所以，當美國宣布不再繼續帶頭提出該決議案時，也同樣成為一個強有力的人權棄守聲明。這個人權決議案，曾經是美國促進中華人民共和國人權政策的最後一柱基石。

美國總統拒絕繼續主持該決議案，引發了美國國會投票反對總統的決定。參議院表決 95 對 5 票；眾議院表決是 397 對 0 票。（總統可以不理國會的表決，因為這些決議不具法律約束力。這一決議最後的確不被總統理會。）

一九九八年六月二十七日，美國總統柯林頓到北京做客，接受國家主席江澤民的迎接。迎接的地點位在天安門廣場的邊緣，也就是九年前發生大屠殺的場所，那裡看得見當年民主女神被搗毀的所在。當日稍晚，兩人在北京的人民大會堂舉行了七十分鐘的記者會。

這是柯林頓總統最風光的時刻。他的聲明主張人權和民主。他有關西藏、異議份子和宗教信仰自由的聲明，也高論堂皇。

關於天安門廣場大屠殺，柯林頓總統說：「我相信，並且美國人民也相信，使用武力對付人民、以及導致人民的悲劇性身亡是錯誤的。」然後他接著說，政府必須保護言論自由、結社和宗教信仰自由，承諾保障這些自由是

聯合國憲章的一部份。

江主席回答:「假若中國政府當時不採取剛硬措施,我們不可能有今天享有的安定。」

這種合理化的說詞,顯然暗示了中國政府將會再次採取同樣剛硬措施,以便繼續享有安定。

在記者招待會中,柯林頓總統和江澤民主席充滿自豪地宣布,兩個國家同意停止以核子武裝飛彈互相瞄準對方。因為要重新瞄準對方只需 58 秒鐘便可就緒,所以這個解除互相瞄準的決定,充其量只能避免因為偶然意外而導致核子飛彈發射的威脅。(美國中央情報局稍早前指出,中國的 18 枚 CSS-4 飛彈中,有 13 枚瞄準美國城市。二〇〇六年,則改成用 20 枚「能擊中美國」的洲際彈道飛彈來瞄準美國。)之後得知,在柯林頓總統訪問期間,中華人民共和國發射了東風 31 型固態燃料火箭馬達(rocket motor),這是他們最新發展的路面機動(Road mobile)固態燃料洲際飛彈的一部份,可能具有攻擊美國大陸的效能。發射測試在北京西南方大約 250 英哩處的五寨飛彈太空測試中心進行。(根據二〇〇六年的估計,以中國持續發展東風 31 型的過程來看,備有完全機動力東風 31-A 型多彈頭洲際飛彈,可能在二〇〇七年以前就可部署完成,從卡車或火車上來發射。)

　　此時，中華人民共和國被認為有可能發展成為超強大國。「超強大國」這個稱呼有一段短暫但是精確的歷史。在冷戰的幾十年期間，美國和蘇聯這二個國家都被稱做超強大國。但是蘇聯在經濟上、工業上、技術上、農業上或者道德上，都不是超強大國。它唯有在軍事領域裡是超強大國 — 光這點就足以使超強大國的稱呼具有正當性。所以，外國除了用投資來保證中國將是經濟上的超強大國以外，軍事考量也正是自由國家給予中華人民共和國超強國地位的唯一根據。

　　一九九八年六月三十日星期二，柯林頓總統從北京來到上海訪問，他自打了嘴巴，提出一個意想不到而且令人驚訝的聲明，自毀了他在北京曾有過的善行。他這次說：「我們不支持台灣獨立，也不支持兩個中國或一中一台。並且我們相信，在任何必須具有國家資格才能加入的國際組織裡頭，台灣都不應該具有會員資格。」柯林頓總統是照著中華人民共和國長期稱做「三不」的條件，來表達他的聲明的。該聲明稿是早先柯林頓的代表，和中國財政部長項懷誠在西安交換意見的時候，就已擬定了。

　　柯林頓總統訪問中國後不久，在一九九八年七月二十二日，把中國在美國的最優惠貿易國資格名稱，改成

永久正常貿易夥伴（PNTR）。許多商人因此興高采烈。這些商人的主要興趣不在於民主和自由。他們所希望增值的投資股份，遠大於他們的良心。

中國古代的偉大戰略家孫子，在《孫子兵法》提到：「故善動敵者，形之，敵必從之；予之，敵必取之。以利動之，以實待之。」

羅斯福（Theodore Roosevelt）總統說過：「如果我們淪落成為沿街叫賣的小販，視營利高於國家榮譽，一切努力僅僅是為了追求舒適的生活，那麼，我們的確會沉淪到比古代文明的衰敗時期還不堪的情況。」

在美國參與第二次世界大戰之前，米勒（Douglas Miller）寫了一本書，書名是《你不可和希特勒做生意》，由大西洋出版社出版。米勒這樣寫道：「我們必須永遠記得這一點：和極權國家做生意，絕對沒有純經濟關係這回事。每個商業交易都具有政治、軍事、社會和宣傳的涵義。」那本書不是暢銷書。許多販賣商品給納粹德國以獲得利益的商人和政府，對這本書都不理不睬。

一個世代所學到的教訓，很少能讓下一代採納。是以每個世代都得再次付出人類痛苦的代價。

雖然有些人的錢包裝滿了，但是那些個人的經濟

獲益，對美國整體說來，並無助益。由於中華人民共和國有最優惠國和永久正常貿易的資格，從中國進口到美國的貨品，平均只課徵約 4% 的關稅。相較之下，美國出口到中國的物品，卻被課徵 30-50% 的關稅。在二〇〇五年期間，中華人民共和國從美國獲得的貿易盈餘有二千億美元。到二〇〇五年底，中國的外匯存底高達八千一百八十九億美元，不久的將來預期將超過一兆美元的界線。

維持我們與中國存在貿易關係的 — 不管這種關係是稱為最優惠國或稱為永久正常貿易夥伴 — 道德理由在於，這樣的建設性交往將會使中國政府更接近美國的政治體系，鼓勵中國政府施行民主政治制度，不再侵害人權。

拒絕我們與中國存在貿易關係的道德理由在於，獎勵奴隸的主人並無助於奴隸的解放。如果蘇聯獨裁政體的終結，大部份是起因於經濟失敗，那麼，為什麼中國獨裁政體的終結，會起因於它的經濟成功？

個人對於財富的追求，常可在表面上以替全人類謀福利的虛假動機來掩飾。但是，依靠西方國家的貿易和投資而成長的中國經濟，在目前中國並沒有受到任何外國勢力

的威脅下，卻帶來軍事力量超比例的擴張。侵害人權的行為也同樣超比例的增加，這讓所有在中國行商的貿易商和投資者所提出的人道理由，統統成為笑話。

中華人民共和國政府的軍事政策，包括幫助北韓和伊朗擴張洲際飛彈的數量和進行軍事技術的轉移，並對其飛彈及核彈計劃給予協助，也和古巴、蘇丹、緬甸和委內瑞拉的查維茲（Hugo Chavez）等有密切的聯繫。飛彈技術和組件已從中國傳進伊朗，繼而轉送到敘利亞，由此運輸到黎巴嫩供給真主黨（Hezbollah）恐怖份子。伊朗所擁有的範圍超出 300 英哩、裝有 1,100 磅彈頭的雷德（Raad）飛彈，就是根據從中國運來的桑蠶（Silkworm）飛彈製造出來的。根據「美國眾議院國家安全軍事／商業關切中華人民共和國特別委員會」── 通常稱為克里斯托弗・考克斯（Christopher Cox）委員會 ── 的報告，中華人民共和國賣給伊朗相當數量、具有 90 英哩攻擊範圍的 CSS-8 型彈道飛彈，連同一切所需的支持和教導以及遙測計組件，並且對伊朗的核武計劃提供協助。相反的，根據《台北時報》（*Taipei Times*）的報導，台灣對美國在阿富汗和伊拉克的戰爭提供了經濟援助，志願加入「自願聯盟」（The Coalition of the Willing），並願意派遣五千名海軍陸戰隊到伊拉克參戰。這個出兵參與戰爭的提議並未被接受。若果真接受了，美國國務院對此會不知如何是好。

國務院在聯盟的國家名單上要怎麼排上台灣呢？因為美國政府不承認台灣是一個國家，國務院是否將在名單上把台灣列為台灣（未被認可的名字），或者是中華民國（未被認可的國家政府），或中華人民共和國的一省（如中國所堅持的）？

中華人民共和國的國內政策包括強制墮胎、處罰生育超過一個孩子的家庭，或者如果離婚又再婚時，新的配偶沒有孩子的話，超過二個孩子的家庭。除了強制墮胎的懲罰外，可能的處罰還包括扣押社會福利和職務解雇、監禁、甚至處死。吳弘達在眾院國際關係委員會作證，捷勢（Jieshi）小鎮二〇〇三年八月二十日的第 43 號文件，命令二〇〇三年秋季家庭計劃任務一定要在八月二十六日開始，並且在 35 天之內完成目標。該目標是：讓 1,369 人絕育，讓 818 人裝上子宮環，讓 108 人催促分娩，並且讓 163 人墮胎。中國改革監視（China Reform Monitor #602）報導，在二〇〇五年三月至七月之間，約有 7,000 人在山東省堤南（Tinan）縣被強制絕育。其中有些是懷孕的婦女，設法要幫助這些懷孕婦女的親戚，有些在監禁中被活活打死。

中國規定天主教徒要向「天主教愛國協會」登記；新教徒要向「三自愛國運動協會」登記。中國有著仿造蘇聯愛琴海群島古拉格（Gulag Archepelago）的監獄制度，

稱為勞改（「勞動改造」）。估計在 1,155 間留有紀錄的監獄裡，關了一百七十八萬名政治犯。那些監獄禁止紅十字會的檢查。他們的政策包括銷售被處決囚犯的身體器官。除此之外，其他的做法、傷害和處罰還包括：流放、監禁或處決異議份子；聖經私運要判死刑；判定死刑的原因是「利用崇拜祭儀（中國南方教會）來暗中破壞法律的執行」；法輪功的鍛鍊和冥思也屬違法；繼續壓制西藏人民；驅逐或處決了超過 6,000 名西藏僧侶，持續把漢人移入西藏，改變種族平衡，使西藏人變成少數民族。

中國政府繼續辯解他們在七十年代支持普布（Pol Pot）和高棉紅軍（Khmer Rouge）、在八十年代天安門廣場大屠殺、以及從九十年代開始一直延續到二十一世紀的，賣飛彈給兇野的流氓國家的種種作為。

任何一個想知道未來的世界會是什麼樣子的自由人，大概都會想要影響中華人民共和國，讓它能走向民主。但是，一個政府只有三種公開的方式可用來影響另一個政府：外交的、經濟的或軍事的方式。自卡特總統與中華人民共和國建立外交關係以後，美國在外交平台上能與中共談判的空間就所剩無幾了。明顯地，軍事方式是一個不得已下才能採用的選項。而剩下最後一項 — 經濟方式，連美國政府都拒絕使用，少有例外。因此，中華人民共和國

政府何必要釋放它的政治犯、停止它對人權的侵犯、結束
它的軍事技術轉移、削減它持續增加的軍事預算、結束它
對台灣的威脅、以及何必接受民主的原則呢？依靠我們持
續的經濟參與，中國政府已發現一種神奇的模式，使它既
能發展出龐大的經濟奇蹟，擁有世界上最大的軍事力量，
還能同時繼續實行獨裁專政，壓迫自己中國的人民。

在毛澤東的共產革命之後，有一個年老的中國人為了
逃離中國，和另一個西藏人一起橫跨喜馬拉雅山，走到印
度的大吉嶺。他重複述說一句中國的老諺語：「自由像氧
氣。在它消失以前，你不會想到它的存在。」

多數台灣人是大有遠見的，在需要倉皇尋求氧氣之
前，就能想起這個耳熟能詳的諺語。但令人大失所望的
是，許多台灣的商人卻忽略了這個諺語。根據《中國日
報》（China Daily）的報導，來自台灣的投資者在中國
投資了 67,714 項的計劃。台灣和中國之間的貿易在二
○○四年時高達八百二十三億美金，在二○○五年時高
達九百三十四億美金，在二○○六年前五個月更增加了
三十億美元左右，台灣是對中國投資的第四大投資國。中
國是台灣最大的出口市場，對中國的出口額在二○○五年
時佔台灣總出口額的 37.7%。在二○○五年年底，估計有
一百萬名台灣商人居住在中國。所有這些現象，導致了台

灣對中國的經濟依賴，造成台灣無法獨立於中國之外、必須依靠中國的危險。

為了快速贏利，這些商人甘冒台灣下一代失去自由的危險。雖然他們不這麼想，但他們面對的危險其實是：他們正在出賣自己孩子的自由。

當然，貪婪是種傳染很快而且沒有國界的傳染病。誠然，個人的貪婪可以在獨裁體制下受到抑制，但在自由的國家裡，並沒有什麼預防針可以預防這種不道德的誘惑。中華人民共和國的投資與貿易數量，仍呈現急遽上升的局面，這一局面終究會危及這些投資貿易者的自由，以及那些沒有在當地投資貿易者的生命。

第八章
常以數目列序

　　自從一九四九年建國以來，中華人民共和國的政府一直因為無法達成下面這三個固執觀念而困擾著：

1. 政府應擁有全國的控制權力。
2. 廢棄共產黨革命之前，舊朝代所簽署的一切對外條約和協定。恢復共產黨革命之前，舊朝代所曾統轄過的領土的統治權。
3. 他們相信，中國非經人民選舉的政府，比那些由被統治的人民選舉出領導人的政府更加優越：無論這些是中國人民或其他他們認為是中國領土上的人民。

　　英國於一九九七年歸還香港給中華人民共和國政府，以及接下來規模較小的葡萄牙於一九九九年歸還澳門給中國政府，之後，以上那三個執念，就全部都衝著台灣而

來，也就是中國對台灣長期以來宣稱的「三不」政策：

1. 台灣不可以獨立。
2. 不與承認有兩個中國、或者一中一台的任何
   政府建立外交關係。
3. 不接受台灣以個別國家的名義進入任何國際
   組織。

　　歷任的美國總統不斷重申「三不」政策，讓美國陷入一個難以脫身的處境，似乎非得和中國一樣，站在台灣是中華人民共和國的「叛離省份」的立場不可。

　　一九九九年七月九日，台灣的李登輝總統使用了三個字，就激起了一場激烈的爭論。在接受「德國之音」廣播的採訪時，李總統說，所有關於中國和台灣之間關係的討論，都應該以「國對國」的關係來立說。

　　中華人民共和國馬上就以軍事恫嚇來警告台灣。美國柯林頓政府對李總統的聲明氣得近乎無話可說。而李總統的政黨 ─ 國民黨 ─ 也設法軟化李總統在電台的訪問言談，但是未達到效果。

　　中華人民共和國國防部長遲浩田說：「我們的軍隊已經就緒，任何時候都可用來保衛中國領土的完整和粉碎所有分裂中國領土的企圖。」

　　柯林頓總統打電話給中國國家主席江澤民，向他保證美國保持「一中政策」的立場。

　　中共外交部發言人朱邦造在北京說：「我們在此警告李登輝和台灣當局，不可低估中國政府保衛主權、尊嚴和領土完整，以及中國人民有勇氣和能力抵抗分離活動和台灣獨立的決心。中國的統一體現了普遍趨向和一般民意潮流。李登輝和台灣當局應該清醒評估情況，懸崖勒馬，立刻停止所有分離主義者的活動。」

　　除了威脅之外，中華人民共和國還在國際上使用種種的手法來羞辱台灣。北京向世界貿易組織施壓，要求他們不要給台灣的代表任何正式稱號，並且堅持世界貿易組織名錄上提到台灣的代表時，只稱以「先生」和「女士」，而不可用國家職務名稱。台灣想加入東南亞國協，於一九九一年受邀入會，但是北京同意的先決條件是，台灣的會員名稱必須是中華台北，否則就不准加入。台灣為了參加奧林匹克運動會，也一樣要用中華台北的名稱，並規定台灣不可以演奏國歌，亦不允許拿出台灣的國旗。

　　李登輝總統於二〇〇〇年脫離國民黨，當時國民黨有意改善與中國的關係、增加貿易、忍受對方的侮辱和提出安撫的和解聲明表態。李總統警告國民黨，他們伸出的

手,終將變成中國侵略台灣的魔掌。

一九八六年非法成立的民主進步黨終於贏得民心,並且贏得二○○○年總統大選,陳水扁和呂秀蓮分別當選總統和副總統。自從第二次世界大戰中國要求索還台灣以來(台灣在一八九五年後由日本依法統治),中國國民黨第一次失去總統的職位。

受到台灣積極推動正式獨立的刺激,中華人民共和國宣布了稱做「三個如果」的警告。中國聲明將要使用武力:

1. 如果台灣宣布獨立
2. 如果外國佔領台灣
3. 如果台灣拖延「統一」談判

在陳總統二○○○年的就職演說中,他提出下述後來被稱做「陳四不」(有時稱做「四不一沒有」或「陳五不」)的兩岸政策:

只要中共無意對台動武,
1. 本人保證在任期之內,不會宣布獨立。
2. 不會更改國號。

3. 不會推動兩國論入憲。

4. 不會推動改變現狀的統獨公投。

一個沒有是：「並且也沒有廢除國統綱領與國統會的問題。」

有史以來，多數民主國家新上任的領袖，在就職演說中宣示的，都是他就任後計劃要做什麼 — 而不是宣示他就任後計劃不會做什麼。陳總統在就職演說中，宣布他不會做什麼，顯露出他的政策是從恐懼出發的。他就任總統後的第一天所發表的演說，相對於他競選活動時的尖銳演講，呈現了巨大的轉變。陳總統現在變得依賴、討好用飛彈瞄準台灣的江澤民主席，以及討好傳授「三不」版本給他，並稱呼中華人民共和國是「美國的戰略夥伴」的柯林頓總統。

如果台灣必須尋求他國的允許，才能做出自己應該做的決定，這樣的做法就不是獨立國家應有的行為。陳總統這種如此懼怕其他國家領袖的做法，有些人認為可以了解也可以接受，但是他的就職演說，使許多有膽量不讓恐懼來影響決策的人，萬分失望，特別是李前總統。

在自身政黨的嚴厲壓力下，陳總統後來修正了他的

「四不」主張（或怎麼叫都可以）。他說目前的現實是：
「位於海峽面對面的台灣和中國，一邊一國。」

　　他更進一步宣稱，在他第一任總統即將期滿的時候，將要進行公民投票，詢問台灣人民這二個問題：

1. 台灣人民堅持台海問題應該和平解決。如果中共不撤除瞄準台灣的飛彈、不放棄對台灣使用武力，您是否贊成政府增加購置反飛彈裝備，以強化台灣自我防衛能力？
2. 您是否同意政府與中共展開協商，推動建立兩岸和平穩定的互動架構，以謀求兩岸的共識與人民的福祉？

　　在二〇〇三年，這二個問題成了隔年政治行事曆的一部份。陳總統宣布，這兩個問題將在二〇〇四年總統選舉時，讓人民同時投票決定。中國提出抗議，聲言這樣的公民投票是宣布正式獨立的序曲。美國也反對公民投票。

　　陳總統沒有屈服。

　　二〇〇三年胡錦濤當上中國國家主席。他的經歷看起來很夠資格。他當過共產黨在西藏的頭子，在拉薩對異議份子採取嚴厲手段。一九八九年發生天安門廣場大屠殺

後，他是第一個發出祝賀電報到中央政府的地方書記。

溫家寶當了胡錦濤的總理。溫總理接受邀請，排定二〇〇三年十二月七日訪問華府。他來華府訪問的前幾天（十二月三日），中國國家媒體報導說，中共軍方官員重申，如果「叛離省份」—台灣—宣布獨立，中國必將發起戰爭。

贊成保持現狀，並且反對獨立的台灣公民，當被問到為什麼他們有這樣的想法時，他們的答覆總是：「改變現狀，特別是宣布獨立，將意味著戰爭。中共會攻打過來。」簡而言之，中國的恐嚇武器已經攻打台灣的民心了。

二〇〇三年十二月九日，溫家寶總理訪問華府期間，小布希總統和中華人民共和國的溫總理舉行了一次聯合記者會。關於台灣預定進行的公民投票，小布希總統認為：「我們反對由中國或台灣做出任何片面改變現狀的決定。最近台灣領導人的評論和作為，表明他或許想要做出片面改變現狀的決定。我們反對這種做法。」

溫總理回應說：「我們非常讚賞布希總統對於台灣這些最新消息和發展所採取的立場；這些發展就是企圖藉由種種形式的公民投票來進行台灣獨立。」

一個民主政府要它的人民利用公民投票，來決定是否

支持政府所提出的政策,對此,美國怎麼可以反對?就在布、溫會面之前的幾個禮拜,小布希總統才剛說過:「當印度的民主在一九七○年代陷入險境,印度人民就是利用公民投票來表現他們對自由的愛好,如此才保全了他們的政府體制。」

就在小布希總統對著中國總理溫家寶,公開聲明反對台灣公民投票的同一天,一位資深的美國政府官員在私下討論時補充說,小布希總統曾經告訴溫家寶,如果中國對台灣動武,美國會為台灣出面干涉。這位資深政府官員又說:「我要在這裡強調,總統的主要目標是,保持台灣海峽的和平。我們絕不會放棄支持台灣政府的民主制度或傳播給世人自由權利的訊息。如果中共想要使用武力或威脅來對付台灣人民,我們一定會介入。」

另一位國務院資深官員做了和這位資深政府官員不同的解說。他認為:「對於陳總統那些似乎是為了走向獨立而採取的步驟,我們一向總是被迫要有所回應。」

二○○四年,李前總統為陳水扁總統和呂秀蓮副總統助選,反對他以前所屬的國民黨。這時,李前總統已成為一個贊成台灣獨立的政黨 — 台灣團結聯盟(台聯黨)— 的「精神領袖」。

支持台灣成為獨立國家的諸政黨,在台灣被稱為「泛

綠」，而反對台灣獨立的那些政黨，則稱為「泛藍」。以「泛」³取名，表明「泛綠」和「泛藍」兩邊都是諸政黨的聯盟。泛綠的主要政黨是民主進步黨、台聯黨和建國黨。泛藍的主要政黨是已故蔣介石的老國民黨、親民黨和新黨。

　　二〇〇四年三月二十日，台灣總統大選當天，泛綠獲勝。陳總統和呂副總統當選連任，但是只得到 50.11% 的選票。一直有爭議的公民投票，也在當天舉行。如前所述（本章開頭已詳述），向選民提問的問題是，（一）如果中華人民共和國拒絕撤除瞄準台灣的飛彈，並且拒絕放棄使用武力攻打台灣，台灣人民是否要增強反飛彈防禦；（二）台灣是否應該與中華人民共和國談判，建立一個和平穩定的互動架構。對於這兩個問題，有 87％ 的選民投「是」，但是這次公民投票無法立案，因為依照公投程序規則，必須要有多於合法選舉人總數的 50% 出席投票，該次公投結果才能成立，但是這次的投票出席率只佔合法選舉人總數的 45%⁴（55% 沒出席投票）。

───────────

3　譯註：「泛」是「全」、「總」的意思，如泛美，即、北美洲諸國的總稱。

4　譯註：因此，投「是」的票數佔選舉人總數的 39%。依據同樣的計算，總統和副總統當選，只得到選舉人總數的 22.5%。少數民意 22.5% 有效，較多數民意 39% 卻無效，這不是很奇怪的公民投票規定嗎？

　　陳總統的第二次就職演說，對許多支持他的人又是一次失望。他聲明：「今天，個人願意在此重申，公元二〇〇〇年五二〇就職演說所揭櫫的原則和承諾，過去四年沒有改變，未來四年也不會改變。」

　　二〇〇四年十月二十五日，美國國務卿鮑威爾在接受香港的鳳凰電視台訪問時說：「台灣不是獨立國家。它不具有一般國家的主權，這依然是我們的政策；我們堅定的政策。」他同日告訴國際 CNN 電視台說：「我們不願看到雙方採取片面手段以致危害到最後的結果；就是雙方所尋求的再次統一。」之後改正說，國務卿並沒有意味著「統一」的意思。

　　依據蒙得維地亞國家權利與責任公約（the Montevideo Convention on the Rights and Duties of States，1933 年 12 月 26 日）的宣言，一個獨立國家必須要具有確定的領土、固定的人口、政府以及有與其他國家建立關係的能力。所有這些條件，台灣樣樣具備。而且，在二〇〇五年時，台灣的人口有二千三百萬，多於當時聯合國約四分之三的會員國個別的人口（在聯合國 191 個會員國中，有 140 個國家的人口比台灣少）。

雖然世界上多數的國家不肯承認 ─ 包括美國，但目前台灣生存在「三個現實」之下，世人共知：

1. 收復中國大陸的古老抱負已經消逝得無影無蹤。

2. 台灣實行真正的民主，具備所有民主國家的基本條件，包括言論自由、新聞自由、宗教信仰自由、集會自由、向政府請願的自由、立法與行政分立、司法獨立於其他政府部門之外，以及經常舉行自由、公平和多黨的選舉。

3. 台灣是一個主權國家，其民主卻有如緊緊夾在虎頭鉗之中，備受鉗制。

從二〇〇四年六月開始，在天安門大屠殺十五週年紀念的前夕，胡錦濤主席下令，那場大屠殺的被害者的家屬，應該統統拘禁起來（明顯是在恫嚇，以防止週年紀念抗議）。他的總理溫家寶說：「在八十年代的末期和九十年代的初期，中國面對一場非常嚴重的政治動亂。我們的黨和國家的未來處於存亡關頭。我們成功穩定了改革的情況，並且為建立具有中國特色的社會主義開拓了道路。這些成就大家有目共睹。團結和穩定比什麼都

重要。」

他知道世界各地有許多人會理解這番穩定商機的論調。

二〇〇四年十二月給台灣帶來了不祥的消息：歐盟（European Union, EU）宣布，將設法解除對中華人民共和國所實施的武器和技術禁運。該禁運當初是為了抗議天安門廣場大屠殺而開始啟動的。現在，歐盟打算要解除禁運了，但中華人民共和國卻不必先有任何道歉，甚至不必對他們在天安門廣場的惡行表示遺憾，也不必釋放他們的政治犯，而且，還可以繼續在中國人民身上施加惡行 — 這是歐盟向中國發出的一個響亮招呼，希望此後中國的政策，不要再干預到歐盟自己的經濟利益了。歐盟提出的預定時間表是，禁運將在六個月之內解除。帶頭解除禁運的是當時的二位歐洲領導人：法國的席哈克總統（President Jacque Chirac）和德國的施洛德總理（Chancellor Gerhard Schroeder）。

這意味著將來會有很多銀兩入袋。

第九章

正名

　　在一九四九年有一天，中華民國人民早晨醒來，發現國名已經被改稱為中華人民共和國。

　　在一九七五年有一天的某個早晨，越南共和國人民早晨醒來，發現國名已經被改稱為越南蘇維埃共和國。

　　在一九八四年有一天的某個早晨，上伏塔（Upper Volta）人民早晨醒來，發現國名已經被改稱為布基納法索（Burkina Faso）。

　　在一九八九年的某個早晨，緬甸人民一覺醒來，發現國名 Union of Burma 已經被改成 Union of Myanmar。

　　那些國家之所以變更國號，是因為出現了用武力來接管人民的新政府。

　　歷史上靠武力來更改國名的例子比比皆是。但是最近這些年來，世界上大部份政府所走的路線，卻是反對中華民國民選的政府舉行公民投票，讓台灣的國民自行選擇是要繼續用中華民國或改用台灣為國號。

　　難道世界諸國在一邊深表遺憾、一邊接受以武力改變國號的同時，卻無法尊重自由人民（台灣的二千三百萬自由人民）選擇改變國號的意志？

　　他們的答案當然是，台灣不是一個國家，而是中華人民共和國的叛離省份。面對這種答案，我們只要問問：「是什麼人在什麼時候決定使用什麼國名？」就可以領會到一個地緣政治史上最荒謬可笑的諷刺現象。

　　一九四五年二次大戰結束，日本放棄台灣的統轄權，中國佔回這個島嶼，在台灣遍地插上中華民國的國旗（雖然根據前文所說的，日本並沒有指名台灣的主權要轉移給那一個特定的戰勝國）。在一九四九年，為了逃避毛澤東的共產革命，蔣介石帶著一百多萬中國人，越過九十五海哩寬的台灣海峽來到台灣。這些中國難民繼續遵奉中華民國一九一二建國後，那面自一九二八年以來在中國大陸所使用的國旗。但是，這時中國大陸已經變為中華人民共和國，而毛澤東政府的立場是不准任何地方沿用中華民國這個舊名。因為中華人民共和國認為台灣是它的領土，他們要世人知道，台灣只不過是中國的一省，叫做台灣或福爾摩沙。

　　但在二十一世紀初的今天，雙方對於國名的立場已經顛倒過來；台灣要採用台灣為名，中華人民共和國卻反而

要台灣繼續採用他們一向反對的中華民國。

　　不久前，台灣中華民國公民的護照還一直印著「中華民國」。到了二〇〇三年的九月一號，台灣的外交部長簡又新開始發行台灣公民的新護照。新護照上面用金色漢字寫著「中華民國」，其下有英文字「Republic of China」，再下有一個十二個尖頭的中華民國太陽象徵，其下以英文印有「Taiwan」，最下面才是「Passport」。這個做法激起了中華人民共和國的盛怒。

　　中華人民共和國政府現在開始主張，台灣應該繼續使用中華民國這個國名，而不容許任何想改國名為台灣的暗示。從邏輯看來（中華人民共和國的推論很少跟邏輯有關），因為中華民國是反抗中共革命的敵對政府，持續使用中華民國的國名，應該表示這個政府還在想盡方法回到大陸消滅他們才對。這正是中華民國政府過去的想法。

　　台灣的陳水扁總統已經一再說過，他不會把中華民國正式改成台灣國，但是他要世界上的人在和兩國接觸的時候，能夠清楚辨別自己到底是在跟北京政府還是在跟台灣政府接觸，因為這兩個政府同時用了「中國」這個名稱。陳總統也倡言，要更改台灣政府在外國的使館名稱，以及國營企業，如「中華航空」、「中國鋼鐵」、「中國造船」和「中國石油」等的名稱，說這些公司至少要有「台灣」名稱在內，以免常常有人以為它們是中華人民共和國

的公司而產生混淆。

　　雖然美國國務院不支持，也沒反對台灣護照封面的更改，認為此事「與美國無關」，但是國務院副發言人艾瑞利（Adam Ereli）說：「我們的看法是，更改這些國家管理的企業、以及駐外經濟文化事務部門的名稱，看起來就是片面改變台灣地位，因此我們不予支持。」

　　把中華民國改稱為台灣，其實可以達致一個較大且較正面的好處，但是這個好處沒有人問過艾瑞利，他本身也沒有主動提起。這種改名的好處是：可以向國際發出正式的宣示，台灣不要「兩個中國」。這就是正式宣示，台灣認為只有一個中國，中華人民共和國是這個中國的唯一政府。台灣不再自稱為中國，所以不要再用中華民國的名稱，因為不能再有兩個中國。國際社會，包括美國，既然強調「一個中國」政策，就應該鼓勵台灣改用台灣這個名字。但國際社會卻不鼓勵台灣正名。

　　二○○五年八月，聯合國舉行成立六十週年慶祝會，在海報上列有在聯合國憲章簽約的五十一個國家。海報的標題是「聯合國憲章最初簽署國」。這些最初簽署國家，竟然包括了「中華人民共和國」。那時這個國家還未存在，當然不可能是一九四五年簽署國之一，而且，直到一九七一年聯合國才容許它成為會員國。反過來看，中華

民國不僅是一九四五年五十一個憲章簽署國之一，也是五個創會國之一，可是它的名字並未列在海報上。

　　一九九三年以後，台灣政府開始努力要以新會員的身份再度加入聯合國，而不是要取代中華人民共和國的會員資格。這使國名的衝突更加荒謬無比。李登輝總統開啟了這波努力，試圖要以「中華民國在台灣」的名義加入聯合國。接任的陳水扁總統繼續努力，但改以國名「中華民國（台灣）」來叩關。在二〇〇六年提出第十四次申請時，陳總統開始提議使用「台灣」的國名來加入聯合國。那時，民間的「台灣智庫」做了 1,072 人的民調，結果有 79％ 受訪者希望在第十四次申請時，用「台灣」之名重新取得聯合國會員資格。但在二〇〇六年九月十二日時，聯合國甚至不把「二千三百萬台灣人民加入聯合國的代表權」的議題列入議案討論。

　　台灣不管選用什麼國名申請加入聯合國，至今依然徒勞無功。幾乎要靠奇蹟，或者要等到聯合國或中國出現政治和道德蛻變，否則台灣要重新加入那個在一九七一年把它踢出門外的聯合國，是沒有什麼希望的。老實說，台灣被踢出那個失敗的國際組織，其實是一種榮幸（美國也應該有這樣的福分），台灣不應該再嘗試加入那個將它驅逐出去的組織來自取其辱。

　　在台灣所存在的國家認同問題中，國名 — 雖然是最重要的因素 — 並不是唯一的爭論所在。民進黨立法委員蔡同榮，試圖要修改憲法第二條，使條文成為：「中華民國的國徽，應由公民投票決定。內政部應登廣告徵求設計，決定如何彙集共同設計 … 國徽應該和別的國家不同，獨特表現出愛好自由和平、強調台灣獨立自主、以及台灣特有的歷史文化 … 而且不應該和我國國內政黨的黨徽相同或相類似。」（加上後句，是因為當前的國徽和國民黨的黨徽實際上是相同的，它們都是由國民黨所設計的。）

　　二〇〇五年六月七日，台灣的國民代表大會通過了修改憲法的規定，設下了未來要增修和修改憲法的標準 — 但這種標準並不理想。這樣的規定顯然是要用來安撫中國和美國，因此設下了無法跨越的高門檻：修法必須先有四分之三的立法委員贊成，然後付諸全國公民投票，公投結果必須要全部合格選民 50% 以上、而非實際投票人數 50% 以上的贊成，才能立案。

　　原先，在蔣介石當中國總統的時候，國民代表大會按照他的意志行事。國大的目的是充當選舉團，選舉總統和副總統以及修改憲法。蔣介石於一九四九年將這些國大代表帶到台灣來，當時很多人叫它「萬年國會」，而叫留任

的國大為「老賊」。那些知情且做了紀錄的人表示，一開始國民代表大會有 3045 個國大代表，以後民主漸漸生根紮實，這些國大的權力就持續縮減。經歷一九八〇年中後期，一直到一九九〇年代，半數以上的國代不是死亡就是退休，有一些職缺由新國代取而代之。到了 二〇〇〇年的時候，剩下 780 個國民大會代表，他們不知何所事事，因為這時立法權已經轉移到民選的立法院（國會）和監察院（核准總統候選人，有權檢舉罷免和彈劾行政部門官員的監視機構）。此外，國民代表大會也不再有權提名投票推選總統，因為這個權利已經被人民直選總統的權利取代了。那年，國民代表大會解散了。它於二〇〇〇年和二〇〇五年二度重新集會，這時只剩下三百名的國民大會代表。二〇〇五年國民代表大會復會，只為了二個目的：使修改憲法的程序無需國民代表大會的參與，和永遠解散國民代表大會。於是，國民代表大會在二〇〇五年自戕身亡。

國民代表大會沒向外懇求殯儀花圈，也沒人送來哀悼音容宛在。

第十章
征服合法化

在台灣海峽對面的政治怒吼中，二〇〇五年開幕了。

在中華人民共和國的堅持下，台灣不准加入雅加達的海嘯救援高峰會（Tsunami-Aid Summit）。世界各地的主要出版物中，台灣也被排除在支援國家的名單之外。但實際上，台灣（未受海嘯損害）援助的金額，在所有的援助國家之中，名列第十八位。

在此同時，中華人民共和國宣布它正在起草「反分裂法」，全國人民代表大會很快就要審閱這個法案。反分裂法是為中華人民共和國領導人長久以來的聲明訂立法源，也就是：如果台灣正式宣布獨立，中華人民共和國將不惜一戰。

對此，發生了一件很令台灣驚訝和振奮的事。日本執政黨的代理秘書長說：「如果我們讓中國以為，美國和日本會旁觀並且容忍中國以軍事武力侵略台灣的話，那將是我們的錯誤。」就在二月二十日禮拜天，一個美日聯合

協定宣布了，闡明台灣海峽的安全「是一個共同的戰略目標」。

三月十三日禮拜天，在反分裂法預定要通過的前一天，中國國家主席胡錦濤說：「我們將加緊準備有可能動用的軍事戰鬥，並且提高我們應付危機、保障和平、防止戰爭，以及必要時打贏戰爭的能力。」

因為中國沒有反對黨，所以全國人民代表大會在二〇〇五年三月十四日的投票結果，並不令人意外：2896 票支持反分裂法，2 票缺席，無反對票。同樣不令人意外的是，「表決之後」，胡錦濤主席立即在「反分裂法」上簽名生效。

該法案中共有十條條文，每一條都和台灣有關係，但此法的立法緣由總結在第八條中：

「『台獨』分裂勢力以任何名義、任何方式造成台灣從中國分裂出去的事實，或者發生將會導致台灣從中國分裂出去的重大事變，或者使和平統一的可能性完全喪失時，國家得採取非和平方式及其他必要措施，捍衛國家主權和領土完整。」

「依照前款規定，需要採取非和平方式及其他必要措施時，當由國務院和中央軍事委員會決定和實施，並及時向全國人民代表大會常務委員會報告。」

但是，台灣的二千三百萬人民和他們的領導人，並沒有計劃要從一個不屬於他們的國家中「分裂」出去。

中華人民共和國的聲明，繼續下來，每一條文都包含著胡錦濤再三重複的警告：堅持「領土完整」。意思就是說，台灣是中國的一部份。「領土完整」成為「非和平手段」的代用語。

俄國總統普亭（Vladimir Putin）對此所提出的看法，似乎只是引用胡錦濤的聲明：「蘇維埃聯邦過去和俄國現在都贊成中國的領土完整。我們並未改變我們的立場，而且認為中國有權利完全恢復它的領土完整。」

對此，白宮新聞秘書馬克雷籃（Scott McClellan）使用了國務院珍愛的詞句「安定」，但至少他沒有使用胡錦濤和普亭的用語「領土完整」：「我們認為反分裂法的通過是一個不幸的做法。它不符合保障台灣海峽和平和安定的目標。」這不是一項有什麼大不了的聲明。

說句公道話，馬克雷籃的聲明比國務院發言人包潤石（Richard Boucher），在反分裂法通過前六天的發言要好得多。那時，包潤石已經確切地知道反分裂法將在下個禮拜一通過。他說：「我認為我們的政策，其一貫性已是眾所周知。但讓我再說一次，我們支持『一中』政策，我們維持三個公報。我們不支持台灣獨立。而且，我們反對

任何一方企圖片面改變現狀的作為。我們要繼續與雙方談論關於這些政策的發展。我們將繼續敦促雙方避免提高緊張的行動，以免引發一連串的惡性循環。」

反分裂法成為法律之後的第二天，美國眾議院通過決議，譴責中國此項國家法律的條文改變了「該區域的現狀，對美國來說是一個嚴肅重大的問題」。眾議院的決議文又進一步闡明，台灣的未來，應該經由台灣人民的同意，以和平手段來解決。（如果依照美國一向所主張的，台灣不應該舉行公民投票的立場，那麼要如何得知台灣人民同意或不同意？）

中華人民共和國對美國眾議院的決議十分憤怒。一位不具名的中國立法機關的發言人（但由中國的新華社正式引述）說：「當美國眾議院忽視事實而通過決議，責備中國改變現狀時，它實際上完全混淆了是非對錯 … 總之，外國勢力無權干預中國內政。」

北京的國務院台灣事務辦公室的副主任孫亞夫說：「未來三年，如果台灣海峽發生戰爭，那只有一種可能性；就是，台灣的獨立分裂主義者的勢力，錯估形勢，導致鹵莽妄動，自陷險境。」

許多意想不到的好消息，開始從世界各地傳到台

灣。由於小布希總統的施壓，以及中國通過反分裂法和美
國眾議院對它所做出的反應，影響所及，使歐盟原先計劃
終止對中國的武器和技術禁運，也開始有所遲疑。英國和
瑞典特別公開聲明，表示他們反對取消禁運。小布希總統
使用國務院未曾用過的用詞，來聲明他反對歐盟的解除禁
運計劃。小布希總統警告，武器和技術運往中國，「將改
變中國和台灣之間的平衡」。對此聲明，歐洲的領導人意
識到了。這個聲明的真正意義比它表面看來更重要，因為
在小布希總統的聲明中，台灣和中國是二個分立的實體。
在外交圈子裡，各國都會注意到這點。因為依照美國以往
模糊的手法，不會具名「中國和台灣之間」來闡明禁運的
結果，而只會輕描淡寫的說禁運「可能增加台灣海峽雙方
的緊張」。

　　小布希總統的另一個警告更清楚。他說，如果歐洲解
除對中華人民共和國的武器和技術禁運，可能「會帶歐洲
武器來到亞洲和美國武器相對抗」。

　　台北計劃要舉行示威活動，抗議北京通過的反分裂
法。當台灣的示威計劃公布時，北京政府就由他們的新華
社報導一則訴求：「海峽兩岸關係研究中心的學者請求台
灣居民不要參加分裂主義者的活動。當一些台灣分裂主
義者計劃在三月二十六日禮拜六舉行抗議，反對最近立

案的反分裂法的時候，我們收到這個訴求。在北京舉行的一次會議上，學者們說他們希望台灣的居民瞭解這個立法，並且不要聽從分離主義勢力集團的話。」

星期六的示威既未取消也未延期。參加台北街道示威遊行的人，估計有一百萬人。卡車上裝著圓材橫木，把沿途用中國城市命名的路牌，換成對示威行列有鼓舞作用的新路牌。路牌「寧波西街」用「民主路」的路牌來取代，「南昌路」的路牌則改成「自由路」。

示威者以十個支部隊伍進行，一起來到總統府前面會合，接受陳總統招呼，一起歌頌呼喊：「維護民主，愛好和平，保衛台灣。」在陳總統面前，人山人海，台灣旗幟與美國和日本的旗幟一起飛揚，讚揚新近簽訂的美日協約能夠認定台灣海峽安全是一個美日共同戰略目標。

前總統李登輝也加入示威。歌曲最突出的是「咱欲出頭天」和「飄揚在風中」（Blowin' in the Wind）。陳總統也加入遊行大眾，唱起「伊是咱的寶貝」。

他沒有發表演說。

遊行進行終了以前，全場禱告：「我們絕不放棄決定自己未來命運的權利。我們和我們的子孫都不會放棄這個權利。我們希望中國的十三億友好的人民，能夠和我們一樣，享受民主、自由，生活得和我們一樣毫無恐懼…我們希望和我們同樣心意的人們，和我們一起禱告。

願上帝保佑台灣、她的人民和她的土地。」

在中國，BBC 和 CNN 的廣播（平常只允許在特定的旅館和為外國人預留的其他場所播出），凡是有關採訪這次示威遊行的各種鏡頭，都被管制禁播。中國報紙沒有刊登任何示威相片。

那一天在台灣有一件令人鼻酸的重要消息：國民黨並沒有參加這次抗議反分裂法的示威遊行。

這是往後將要發生之事件的預兆。

雖然國民黨在那個禮拜六避離台北街道，但他們的一些領導者卻計劃於禮拜三在北京的街道出現。

抗議反分裂法示威的二天之後，國民黨副主席江丙坤帶著二十七名成員代表團到中華人民共和國做五天訪問。這是一九四九年戰爭結束後，台灣第一個政黨領導人，頭一次訪問中國。旅程包括廣州和前中華民國首都南京這兩個停留點，主要終站則是現在的中華人民共和國首都：北京。

雖然他們早先互相對敵血戰，但國民黨和中華人民共和國政府現在卻在反對台灣獨立上，找到了共同點。

台灣的江丙坤抵達中國時就發言：「我們反對台灣獨

立。我們主張海峽兩岸和平，反對大陸使用軍事武力。」

國民黨代表團和中華人民共和國，對十個提案達成協議，其中多數是關於中國和台灣之間的經濟關係，包括開放中國的金融市場。由於台灣的法律禁止政黨簽訂國際協議，而且因為國民黨已經不能代表台灣的政府，所以上述的雙方協議其實統統無效。台灣的刑法第 113 條（類似於美國的羅根（Logan）法案，但是更嚴格），禁止未經授權的政黨和個人與外國政府私下談判簽訂協約，違者會依叛國處理。台灣高等法院檢察處發言人陳追說，政府「正在調查國民黨是否違反了未經授權不准與任何外國政府簽訂協議的刑法規定」。

在國民黨副主席江丙坤的力勸下，中華人民共和國官員邀請了國民黨主席連戰訪問北京。另外，中共也邀請了另一個泛藍的主要政黨，親民黨主席宋楚瑜訪中。

在泛綠這一邊，前總統李登輝在一百個台灣民間團體的集會上演講，他們團結形成一個聯盟，稱為「手牽手守護台灣大聯盟」。在他演講之前，大家喊罵：「連宋出賣台灣！」然後，宣讀聲明，強調訪問中國是：「對國際社會創造台灣人民接受反分裂法的假象 … 一百個民間團體保衛台灣的主權，嚴厲反對連戰和宋楚瑜，以及其他政客與中華人民共和國勾結出賣台灣。」

　　李前總統警告，訪問中國將會消減「三二六和平民主
保護台灣」遊行，抗議中華人民共和國反分裂法的效果。
他要求民主進步黨政府，特別是他所支持的人 — 陳水扁
總統 — 要「硬起來」，並且要以行動來展示政府的公權
力。

第十一章

提議一國兩制

　　從一九九八年五月十一日開始，中國共產黨中央委員會一連三天舉行了有關台灣情勢的會議，參加的人是共黨高幹，包括江澤民主席。這是第一次全程討論台灣議題的會議。會議的結論是，比照一九九七年七月一日後的香港問題，和一九九九年十二月二十日後的澳門問題，同樣用「一國兩制」來解決台灣問題。

　　當時台灣的陸委會主委張京育回應說：「任何矮化台灣成為地方政府的安排，我們都不接受。」李總統則表示：「中國的這種政策，完全違背了民主觀念。」

　　一九九七年以後，香港人就在中華人民共和國的「一國兩制」下，以「特別行政區」（Special Administrative Region, SAR）的身份過日子。（注意：SAR 不是特別自治區（Special Autonomous Region）的簡稱。「西藏自治區」（Tibet Autonomous Region）這個專稱用於西藏後，世人很

快就發現,其中完全沒有自治的涵義。)

為要在一九九七年時取得全香港的統治權,中華人民共和國必須設法斷絕在它還未建國以前,中國所簽訂的二項合約(前已述及)。我們所說的香港,事實上是由三個實體所構成,其中的二個實體 — 香港島和海港對岸位於中國大陸的九龍半島 — 早已永遠(in perpetuity)割讓給英國。第三個實體則是九龍北邊的新界。雖然中國於一八四一年永遠割讓香港給英國,於一八六〇年永遠割讓九龍給英國,但新界只租借給英國,而非割讓。這個租約於一八九八年簽訂,租借期間九十九年,於一九九七年期滿。

年過一年,這三個實體 — 香港島、九龍和新界 — 逐漸在國際上被統稱為香港。簡而言之,這三個實體全屬英國管轄,其中只有新界是租借的。

上述這三個實體在一九九七年的命運,於一九八二年英國首相柴契爾夫人(Margaret Thatcher)和中華人民共和國領導人鄧小平,在北京一場激烈的會談中定局。不理會柴契爾首相的諸多論據,鄧小平強求英國應於一九九七年七月一日歸還香港島、九龍、新界給中華人民共和國。柴契爾首相提出香港和九龍已永遠割讓給英國的簽約事實來抗議,但是鄧小平以「不平等條約」為由,一筆勾消這兩個條約,說一定要於一九九七年七月一日同時收回這三

個地方。

柴契爾夫人唯一的勝利,就是使鄧小平同意讓香港保持原來的體制五十年,直到二〇四七年為止。鄧小平把這個決定稱為「一國兩制」。這個定義的錯誤在於,將「兩制」理解成大陸實施共產主義、香港實施資本主義。但是事實上,大陸實施的是法西斯主義,香港實施的則是自由主義。在香港歸還當時,中國大部份的都城地區,資本主義的傾向已經很高 — 但其中的人民仍然是不自由的。資本主義只不過是自由的經濟面向,而不是自由的唯一構成要素。誠然,沒有資本主義的國家,就一定沒有自由的人民,但是,有資本主義的國家,卻不一定會有自由的人民,很多法西斯政府已證明了這點 — 如此一個高舉一黨一政府一種族的獨裁政權,恰恰就是中華人民共和國的政府所想要的。

1997

如此這般,一九九七年六月底和七月初分際的夜半時點,「一國兩制」的用詞,在香港開創了一個新年頭。

在香港歸還之前,董建華被「選任」為香港特首,從中華人民共和國收回香港的統治權以後開始上任,任期五年。他是經由北京所指派的籌備會,由這個籌備會指派的四百名選舉委員會選出來的。

　　歸還當晚，中華人民共和國主席江澤民提到，中國因為鴉片戰爭所蒙受的羞辱，使英國統治了香港這麼多年。然而，江澤民所蒙受的真正羞辱是，香港與大陸之間的差異一再向世界證明，若無中華人民共和國政府的統治，中國人的能力會有多高。中華人民共和國統治下的都城，沒有一個能比得上香港。唾棄中華人民共和國，逃到香港的中國人民，在香港生活自由，事業有成，才是帶給江澤民蒙羞的真正原因。

　　當晚，香港的政治基礎開始呈現裂痕。之後，這些裂痕逐漸擴大、深陷、向四面八方延伸開來。

　　歸還當晚，四千八百名人民解放軍護衛隊和二十一部鎮暴車輛開進香港。就是不做別的，這麼多軍警車輛出現街頭，就夠給香港人民一個警告了。

　　中國大陸境外幾英哩，在香港島會議展覽中心的新建場所，有四十四個國家的領導人和名人在場，六千五百名媒體記者現場採訪。歸還儀式透過電視廣播傳遍世界。江澤民和北京派任的香港特首董建華舉杯敬酒，互祝香港持續繁榮安定。在這星球上最最崇尚自由的小天地，它的兩個新領導人居然只顧及安定繁榮，絲毫未提及人民的自由。

　　午夜慶祝儀式中，也沒人提到「一國兩制」將改變治理香港的法律。在此中華人民共和國向台灣提議「一國兩

制」之際，以下這些法律的改變（以下紀錄，乃根據這
些年來在香港的親身經驗，以及香港媒體和其他國際媒
體的報導），值得「一國兩制」的倡議者注意：

1.　六月三十日，香港原先充分施行的全部人權法案，在
　　隔天的七月一日，有些重要條款已被刪除。

2.　六月三十日，立法局議員的任期要到一九九八年才期
　　滿，但在七月一日，這些議員全部被由北京所成立
　　的「臨時立法會」所替代，這個臨時立法會的委員由
　　北京派任，任期至一九九八年立法會重新選出議員為
　　止。

3.　六月三十日，香港人民享有言論自由，可暢所欲言，
　　隔一天後的七月一日，主張西藏、台灣、香港獨立的
　　人，就不准再主張這些立場了。

4.　六月三十日，任何公開遊行只要通知警察局，好讓警
　　員管制交通以利遊行者之便即可。七月一日，任何超
　　過五十人的示威或三十人的遊行，都必須預先於七天
　　前向警察局取得「無異議」的許可通知。民眾的遊行
　　申請被駁回時，官方的駁回理由可於數日後才認定。

5. 六月三十日，一九八九年的天安門屠殺案件叫做「天安門大屠殺」，隔一天的七月一日，改稱為「六四事件」。

香港立法基礎的這些初步裂縫，都沒有得到修補。偶爾或有改善的消息，但是微不足道，其後常被其他事件取而代之。香港人權監察總幹事羅沃啟說：「就像在溫火上煮青蛙。假如溫度慢慢增高，青蛙不會感覺到就要被煮熟，等感覺到的時候，就已經太晚了。」

6. 政府公開宣布，以臨時立法會取代現行的立法局，乃「根據中國法律所正當設立，經中華人民共和國人民大會批准」，「香港法院不可挑戰」此臨時議會的正當性。

7. 香港警察局發行的「警員須知」指出，警方可採取嚴厲手段懲罰「威脅和平」或「擁護西藏或台灣獨立」的示威。一個正面消息是，每年抗議「六四事件」的示威行動，仍准許繼續舉行。

8. 英國起先為立法局所制定的複雜的選舉法，經過最後

一任香港總督彭定康（Chris Patten）的修改，已使立
法局漸漸民主化。但北京後來刪改這些法條，緩滯了
民主的進展。一九九八年選出的六十個立法會議員席
次中，其中的二十個席次是由人民投票選出；三十個
席次由指定的（普遍親北京的）商業和專業團體投票
選出；另外的十個席次則由八百名親北京人士組成的
選舉委員會決定。

9. 臨時立法會取消香港歸還以前就已經施行的勞工法，
    刪除了許多集體談判的保證和保護制度。

1998

10. 臨時立法會正式通過一個叫做「法律改編適當法令」
    的公文。表面上看來，它好像只是要澄清涵蓋在基本
    法（香港的迷你小憲法）中的幾個要點。但經民主
    派人士仔細研讀後，發現要施行於香港一般民眾的法
    律，竟然不適用於北京派准的香港政府和北京政府的
    代表。

11. 一個北京任命的委員會選派三十六名香港代表參與中
    華人民共和國人民大會。眾所周知，所有這些代表都
    是親北京人士。

12. 香港新聞記者協會正式寫信給香港特首董建華，投訴記者不再有英治時代習慣享有的新聞自由。

13. 董特首表示，香港人民不准懸掛台灣國旗，因為這違反了「一中」原則。

14. 香港電影配售商拒絕購買三部論及達賴喇嘛和西藏的電影。

15. 一九九八年立法會投票當日，即使下著大雨，但是投票場外仍大排長龍，這是香港人投票率最高的一次選舉。民主派候選人大勝，得到 60 % 以上的選民支持。可惜依照官方的選舉法計算，這個百分比只使民主派人士贏得六十席次中的十七席，親中黨派則獲得其他四十三席。（其他十個席次，由八百位親北京人士組成的選舉委員會決定。）

16. 「人權觀察」（Human Rights Watch）提出的報告，批評香港政府「背叛民主原則」，扭曲選舉結果。

17. 新組成的立法會開會時，民主派人士要求於二○○二年開放全部直接選舉。對此，親北京派以多數優勢來

否決。

1999

18. 北京全國人民大會推翻一個香港終審法院對移民案件的審判。香港的「終審」法院，不再有「最終」的決定權。

19. 民主派議員吳靄儀被禁止進入中國大陸。其他在香港提倡民主的人士，也同樣被禁止進入中國大陸。

20. 台灣駐香港代表鄭安國在電台廣播中，表明他同意台灣總統李登輝的主張，任何台灣和中華人民共和國之間的談判，都應該以國對國的關係為基礎。廣播後，北京和香港政府就告訴他，雖然他不是香港公民，但也不應該在香港發表這樣的評論。

21. 北京宣布，不准教宗若望保羅二世在即將成行的亞洲之旅入境香港，因為梵蒂崗仍保持與台灣的外交關係。香港特首董建華並沒有向中國政府抗議這個決定。

22. 政府的法律改造委員會宣布，將成立一個新聞顧問委

員會，專事檢查媒體侵犯隱私權，而不是讓獨立的團體機構來執行這種檢查。該委員會的委員由董建華特首派任。

23. 五艘美國軍艦在香港港灣的停泊權遭到拒絕。

24. 董特首要求司徒華放棄籌劃任何「六四事件」十週年紀念的示威遊行。對此，司徒華予以拒絕。政府頭子的這種要求，使民主人士認為是政府在施加壓力，進一步偏離了原先的「兩制」保證。由於司徒華的勇氣，遊行照計劃進行。政府沒再抗議。

2000

25. 美國國務院和英國的外交部對香港新聞自由的敗壞表示關切。中國外交部回應，強調說：「香港的事務是中國內政問題，不受外國干涉。」

26. 北京發覺網站 www.hongkong.com 的交誼室上有人在討論台灣獨立、西藏獨立和香港獨立的話題。那些話題立即被阻擋或刪除。網站主任錢果豐說：「言論自由不是絕對無限制的。」

27. 中華人民共和國副總理錢其琛說，他要香港的公務員更盡力去支持董特首。民主人士認為錢其琛的言論干涉香港公務體系，董特首回應說，錢的言論只是「鼓勵」大家要「多關心」，並無干涉的意思。

28. 香港警察逮捕未經許可集會抗議的大學生，他們抗議政府計劃向大學生收取學費。

29. 香港商人接獲警告，不准和主張台灣獨立的台灣人做買賣，否則「自己要承當一切後果」。中國當局再次指使他們要支持董特首。

30. 《南華早報》以「內部改組」為由，撤換林和立。林和立曾寫過北京內部的權力鬥爭，和北京當局指使商人支持董特首等事。

31. 三個法輪功學員，因北京的政策規定，不許入境香港。這三個成員，分別來自美國、日本和澳門。

32. 中華人民共和國主席江澤民說，香港和澳門應該為香港和澳門的繁榮與安定，以及國家和中華民族的利益，積極盡到責任。

2001

33. 二〇〇一年頒行的一項新法律，將免職香港特首的權限賦予北京政府，而非香港的立法會。這個新法案，保證北京永遠可以挑選他們中意、而不是香港人民中意的特首。香港親民主的民主黨創立人和領導人李柱銘回應說：「董建華自己樂當傀儡，他要確保接替他的人也變成傀儡。」

34. 台灣的副總統呂秀蓮在香港有線電視台受訪時，提及台灣是一個獨立國家。中央政府聯絡處，依照北京的指示，表示這樣的言論是應該被禁止的。聯絡處發布公告，聲明：「分裂者的言論不應該以平常新聞記事來處理。香港媒體應盡維護國家主權完整的責任。」在短短的時間內，不僅主張台灣獨立被禁止，甚至連報導他人主張台灣獨立也被禁止了。

35. 英國下議院以書面公開批評中國政府，越來越干涉香港的商界，違背讓香港高度自治的約定。

36. 香港商界主管代表團到北京參訪，北京官員告訴他們要支持董建華連任香港特首。特首選舉將由委員會的八百名委員投票決定。這個委員會中親北京的委員人

數，已多到可把「選任」與「派任」等同看待。特首候選人需由一百名委員提名，這樣的規定不可能產生民主人士的候選人。在香港民調開出只有 16% 贊成董建華連任的隔天，董建華正式宣布他要競選連任。

37. 中華人民共和國江澤民主席宣稱，香港人民享有十足的自由。民主鬥士李柱銘答覆說：「江主席若只比較香港和中國大陸，那他說香港人有更多的自由是對的。」立法會議員劉慧卿加了一句：「假如我們比較現在的政治發展和前任彭定康總督統治下的殖民時代，香港正在開倒車 … 遊行示威受到更多的管制。江先生要香港人民覺得生活過得自由，但這麼說與事實並不符合。」

38. 香港人民所愛戴，而有「香港人民的良心」之稱的政務司司長陳方安生，在被北京警告她看起來對董建華不夠支持之後，便辭掉了公職。她說她辭職是因為「私人的理由」。

39. 一百多個法輪功學員被拒絕發給進入香港的簽證。董特首稱他們「多少帶有邪教的特性」。（「邪教」是中華人民共和國主席江澤民以前描述法輪功的用辭。）

40. 北京的外交部拒絕美國掃雷艦「仁川號」(USS Inchon)在香港港口暫時停泊。

41. 政府命令三個旅行社 ─ 康泰、永安和美麗華 ─ 在它們的旅遊導覽手冊上,不准稱台北為台灣的首都。

2002

42. 就像預定的那樣,中華人民共和國總理朱鎔基在國家議會上簽署法令,公布香港特首董建華於二〇〇二年七月一日,開始他的第二個五年任期。他已從 800 名選舉委員會(全都由北京派任)中獲得足夠的票數。沒有人敗選(因為董建華是唯一的候選人)。當選後,董建華說:「我很高興能得到七百多人的簽署提名 … 我覺得我的勝選必須令人心服,人民才會覺得大部份的選舉人和社區的人支持我。」香港立法會議員余若薇說,這個選舉過程是「我們選舉制度的一個悲劇」。

43. 香港記者協會宣稱,對於中華人民共和國領導階層敏感的話題,香港政府已經建立了一個當地媒體自我新聞管制的環境。

44. 北京拒絕美國海軍飛彈驅逐艦 *Curtis Wilbur* 號在香港的例行停泊。

45. 民主人士劉慧卿議員開始在中環天星渡船碼頭絕食，抗議董建華的連任。

46. 民主人士吳弘達 — 中國出生的美國公民 — 被拒絕入境，用飛機送離香港。

47. 示威的移民被拖出一個香港公園，警察同時拆毀他們的營帳。

48. 重要的民主鬥士和立法議員李柱銘說：「香港的變化是緩慢而持續的腐蝕，而非爆炸性的劇變。依法而治、新聞自由、民選機構、公平的經濟競爭環境、以及民間集會自由都已經遭到嚴重的損害。」

49. 北京派任的香港特首宣布，明年七月即將實施基本法的第二十三條，此條款規定叛國、分裂國家、顛覆國家、煽動叛亂以及竊取國家機密等為非法活動。處罰將重至終身監禁，警察有不經法院授權而逕自搜索的權力。不清楚究竟有那些活動會被認定為顛覆國家、

煽動叛亂。

50. 十二月十四日，估計有六萬人遊行抗議政府計劃實施基本法第二十三條。

2003

51. 八十個拿著有效簽證的台灣法輪功支持者，要進入香港參加國際法輪功大會，被拒進入香港而遭驅逐出境。

52. 由於針對計劃執行基本法第二十三條而來的抗議，以及天主教陳日君主教所策動的抗議，香港當局宣布基本法第二十三條的法令將進行修訂，使其內容更加明確。民主人士對所有可能的定義都不信任，警告政府應將整個條款予以刪除。

53. 執行基本法第二十三條的帶頭人物、保安局局長葉劉淑儀辭職，她說是因為私人的理由。

54. 美國眾議院通過加州國會議員考克斯（Christopher Cox）所提議的，要求中國撤回基本法第二十三條的實施計劃，和准許香港成立民主議會的決議案，以

426 票對 1 票通過。

55. 七月一日，香港歸還中國的第六週年，五十多萬的香港民眾上街遊行，抗議正待執行的基本法第二十三條。

56. 北京檢查員禁播七月一日香港大遊行的電視實況、相片和情況記事，並且要求外國刊物須把有關七一大遊行的照片去除後，才准許販賣。

57. 由於抗議不斷，使得董建華被迫無限期暫緩執行基本法第二十三條。香港政府辭職的高級職員又多了二個。

58. 美國國際宗教自由委員會（the U.S. Commission on International Religious Freedom）取消訪問中國，因為中國不准他們訪問香港。委員會主席楊邁克（Michael K. Young）說：「歸還才不過六年，已令香港人嚴重懷疑是否仍能自治。這更進一步引起眾人憂心。」

59. 在十一月二十三日的地方選舉，民主黨候選人在

120 個總席次中，拿下了 80 ％ 的席次，而親北京的最大政黨民主建港聯盟（Democratic Alliance for the Betterment of Hong Kong, DAB），在 206 個總席次中，只拿下了 40 ％ 席次。民主建港聯盟領導人曾鈺成說：「自從本聯盟十一年前創立以來，在歷屆選舉中，這次敗得最慘。」

2004

60. 元月一日，估計有十萬人參加遊行，要求實施民主，包括 2007 年的特首和 2008 年立法會全部六十席的委員，均需由全港人民來普選決定。（根據基本法，香港在 2008 年依法本該准許有這些權利。）

61. 新華社刊登一篇文章，述及中華人民共和國政府將決定下任特首的挑選章程以及立法會的投票規定。

62. 曾鈺成對去年十一月的選舉失敗負責，辭去親北京的民主建港聯盟主席職位。

63. 香港親民主領導人兼立法議員李柱銘在華府會見美國國務卿鮑威爾，並在參議院公聽會上作證。對此，中國警告美國不要干預中國的內政。

64. 三月，中國全國人民大會常務委員會副委員長盛華仁，重申中國擁有宣布香港進入緊急狀態的權力，並且「中央政府可在香港施行中國法律」。

65. 中國的全國人民大會決議，聲稱實施全面民主無需設定時間表。「地方政府並無固定權力。地方政府的所有權力，均源自中央政府的授權。」

66. 中國全國人民大會常委會副秘書長喬曉陽說：「我們無法承諾將來絕不對基本法做出解釋。」香港的特首董建華說：「根據決定，二〇〇七年的特首和二〇〇八年的立法會議員，將不會經由全民投票選出 … 我力勸香港人民稍安勿躁，保持理性，共同為發展香港而努力。」

67. 五月中，三個重要的廣播電台主持人辭職。鄭經翰持反對北京的觀點，他說他接到了死亡威脅，他的貿易公司也被人任意闖入破壞。隨後是黃毓民的辭職，他說他被毆打，且受到死亡威脅，他的麵店也被人任意闖入破壞。李鵬飛接任鄭經翰的主持工作，但做不到兩個禮拜就辭職了。他是中國國家人民大會的地方副主管，但是受到官方《中國日報》的嚴厲批

判。 鄭經翰辭職時說，是北京逼他辭職的。「我不能自由表達我的意見。我不要待在這個溫度愈來愈高的廚房裡面。我只想離開。」

68. 天安門屠殺第十五週年，遊行示威的規模比香港回歸後的任何一年都盛大。 司徒華主席說：「一連串從基本法的解釋、對全民參政的抑制、到對電台節目主持人言論的箝制，我相信香港的每一個人都已經感受到深沉的憂慮。」

69. 七月一日，歸還的第七週年，五十三萬香港人為民主上街示威遊行。中國駐香港最高外交官楊文昌說：「香港是我們的心肝寶貝。不能因小孩子耍個脾氣，做父母的就任他為所欲為。」

70. 香港民主黨議員何偉途在中國被逮捕。當局告訴他，假如簽自白書，承認嫖妓，就可釋放，若不簽名自白，則可能被判強姦罪。他簽了自白書後，並未被釋放，反而遭到判審六個月的勞改。

71. 九月立法會選舉結果，親民主政黨新增了三席，但他們還是感到失望，因為原先預期會獲得更多的席次。

民主黨這個最大的親民主政黨，還從原來的十一席，減少為九席。這次，立法會的半數席次由全民投票選出，另一半的席次則由所謂的功能界別（functional constituencies），即依照專業、工業、商業組織等有選舉權之人數的比例選出。這些功能界別主要是商界親北京的人士。總計，民主派人士贏得 62% 的選票，但只得到立法會 40% 的席次。親北京候選人得到 37% 票數，席次卻反而多到總席次的 60%。

72. 在慶祝澳門回歸中國五週年的紀念會上（十二月二十日），中華人民共和國主席胡錦濤讚揚澳門成功實施了「一國兩制」，並表示澳門和香港的政治權力，都應該掌握在對中國忠心耿耿的「愛國人士」手中。香港特首董建華也出席了這個紀念會，胡錦濤接著轉身對董建華說：「搜出不良份子」，並「繼續提高統治品質」。這個指示普遍被解讀為胡錦濤對董建華的公開訓話，因為香港人民不斷在為爭求民主舉行遊行示威。

2005

73. 一月二十一日，估計有八千名香港民眾為要求全面民主示威遊行，很多人佩帶黑絲帶，紀念一個禮拜以前

才去世的趙紫陽。（趙紫陽在天安門事件當時同情示威的民眾，後來因此而被軟禁餘生的十五年。）他們高喊：「哀悼紫陽！」和「釋放民主同志！」旗幟上寫著：「終止一黨統治！」

74. 立法會的親民主人士為趙紫陽默哀一分鐘。立法會主席范徐麗泰駁回全體議員共同紀念趙紫陽的請求。

75. 香港大學民意研究計劃（POP）做了一項民意調查，問「假使明天要全民選舉特首，而你有選舉權，你會選董建華嗎？」「會」得 18.1 ％，「不會」得 65.5 ％，「不確定」得 16.5 ％。

76. 北京的中國人民政治協商會議（CPPCC）聘請董建華特首為副主席，這是他還未成為香港特首以前的職位，依傳統慣例，這也是退休官員的職位。一般認為，這是北京要他退出特首現職的事先步驟。北京政府認為他缺乏人民的支持，導致了香港民主運動的興榮。

77. 董建華於三月十日辭掉了特首的職位。「一個小時以前，我提出特首職位的辭呈 … 我的健康已大不如

前，若繼續做為特首，我將無法勝任。」在八百人推
薦委員會於四個月後（七月十日）挑選出下任的特首
以前，將暫時由董建華的主任秘書曾蔭權代理特首的
職務。曾蔭權當然是他們要的人。若要和他競選，
照現行規定，至少要由八百人委員會中的一百人連署
提名。不管是由誰當選或僅僅是提名，這八百人委員
會一向是北京的「囊中物」。大家還不清楚的是，挑
選出來的新特首，其任期是充任董建華留下的二年，
或會准予任滿一期五年。香港民主人士認為這個問題
應由香港、而非北京來決定。

78. 代理特首曾蔭權在一個記者會中說，台灣應該遵循香
港的例子，和中華人民共和國在「一國兩制」的制度
下統一。他說香港將「不遺餘力地」幫助台灣和中國
統一。「我們相信我們已經證實，在中國『一國兩制』
的架構下，香港的資本主義體系還是運作得非常成
功。」外國記者問曾蔭權，「一人一票」的民主制度
何時會在香港實施，並問曾蔭權對於民主的看法。曾
蔭權回答說：「這無關我的看法 … 當你說在選舉立
法會議員時『一人一票』，我們必須做精確的定義，
到底你說的『一人一票』涵義為何。」（曾蔭權以前
在英國政府中服務了三十八年，查理斯王子（Prince

Charles）甚至還曾授予爵位。）

79. 北京決定下任特首（當然會是曾蔭權）任期將只有二年，而不是一期五年。現任特首中途辭職後，接任的特首任期如何計算，在基本法中並無明文規定。一千五百名香港民眾上街抗議北京代替香港做此決定。街頭示威不是針對曾蔭權個人，他的聲望比前任特首董建華高得多，但是香港民主人士相信，「一國兩制」愈來愈成為一場騙局，二年任期是北京要用來檢驗曾蔭權對北京忠誠度的試用期。

80. 在香港經營的《大紀元》，被禁止印行。《大紀元》的公開信揭示：「因為害怕人民獲知真相，中國共產黨對《大紀元》的印刷廠施加各種壓力。」《大紀元》公開報導過西藏、人權、法輪功、中國的愛滋病蔓延等議題，並且是第一個揭發冠狀病毒（SARS）來歷的媒體。

81. 新加坡的《海峽時報》駐香港採訪記者程翔，因涉嫌獲取國家機密，在中國被扣押。

82. 「保護記者協會」（Committee to Protect Journalists）

將中國列為監禁新聞記者最多的國家。

83. 一年一度紀念天安門屠殺的活動，今年在香港維多利
亞公園舉行紀念會，有四萬五千人舉蠟燭帶牌示參
加，牌示上面寫著「勿忘六四」、「民主鬥士萬歲」。
當日稍早時，曾蔭權代表政府說：「當年六四事件發
生的時候，我與香港人民有著相同的忿怒與衝動。
但是十六年後，我目睹了我們國家令人印象深刻的
經濟和社會發展。我的感受已經比較平和了。」在中
國，估計有兩百五十個六四屠殺的倖存者還被禁錮在
牢獄裡，政府在天安門派駐額外警力以強化安全措
施，防止在此舉行任何紀念活動。傷亡者的親戚家屬
的住家，再次被警察包圍。在北京，沒有人公開提及
天安門屠殺的週年紀念。

84. 根據報導，在香港登記的雅虎公司曾提供中國官員
有關記者師濤的資料，師濤因此被中國官方控告用
電子郵件傳送「國家機密」，並被判處十年監禁。
對此一報導，雅虎國際網路公司並未予以否認。雅
虎公司的回應是：「雅虎必須確保各地的網站遵守
當地國家的法律、規定和風俗習慣。」（和民主國
家不同，中華人民共和國的「國家機密」，遠超過

國家安全的範疇，還包括統計資訊、兒童勞動法、
警察行為、罷工、暴動以及其他政府資料。除此
之外，雅虎的答覆，使「一國兩制」所保證的香港
自治權，更顯得有名無實。）「無疆界記者組織」
（Reporters Without Borders）控告香港雅虎公司幫助
中國政府追查師濤的電子郵件。法院文件證實香港的
雅虎控股有限公司，的確和中國政府聯手來搜尋師
濤。（據報導，師濤就職財經刊物《當代商報》的時
候，在職員會議時，對外傳送過有關中共中央對各
級媒體所發出的報導限制規定。）香港記者協會發言
人盧敬華譴責師濤的判刑，指出師濤並未洩漏國家機
密，香港雅虎協助中華人民共和國的行為損害了新聞
自由。當問到雅虎是否提供師濤的地址給中國時，香
港雅虎的發言人王保玲（Pauline Wong）回應說，她
「不能提供有關此事的資訊」。

85. 曾蔭權「當選」了特首。本來有兩個人試圖要和他競
選，但是因為提名門檻太高，皆無法得到 800 名委員
會中的 100 名委員的簽署。

86. 一位去中國觀光的香港婦女，無故被拖進醫院，在政
府的一胎化政策下，院方強迫她必須將已懷胎六月的

胎兒墮胎。她的親人阻止他們，並和香港當局取得聯繫，這位婦人才得以安然出院，未被墮胎。

87. 中國正式控訴新加坡《海峽時報》駐香港的記者程翔是台灣的間諜。他在二〇〇五年四月已被逮捕（上面提過）。

88. 香港立法會全部六十名委員，應邀到廣東做二天的「坦率對談」。立法會的民主派議員李卓人，要求廣東省委書記張德江重新考慮官方對天安門屠殺的立場。張德江回答說，只有一小部份的人支持「平反六四」，黨中央已經正確的處理了這個「事件」。當一些香港的代表表示無法接受這個答覆時，張德江回應說，雙方的對話已經令人不愉快，再討論下去只會「白費唇舌」。

89. 在民主派人士訴求全民參政權的催促下，香港特首曾蔭權建議立法會的議員人數可由 60 名增加到 70 名，新增的 10 個席次當中，一半的席次由人民投票選出，另外一半則由 529 名區議員投票選出。（特首可以任命那 529 名區議員中的 102 名。在英國統治下的末任總督彭定康任內，已經廢除了任命區議員席

次之權,但在香港歸還後,特首又恢復了可任命區議員席次的權力。)曾蔭權也建議選舉特首的人數應該從 800 名增至 1600 名。但民主人士不接受這些建議,因為這些建議對香港人民來說是「虛偽無實」。香港人民所要的是全民參政權,以及在「一國兩制」下,香港人自行治理香港內政的保證。

90. 在曾蔭權特首的戰略發展委員會,總共 153 名新的非官方委員中,只有 7 位是民主黨成員。這個委員會的目的是,對特首政策性的事務提出建議(包括全民參政權),然而特首可決定是否接受他們的建議。

91. 民主鬥士李柱銘再度到華府,這次他拜訪了國務卿萊斯。萊斯的發言人說:「國務卿強調,我們堅信香港人民根據基本法,有權自行決定政治改革的範圍和步調。我們支持香港的民主制度和全民參政權。」

92. 十二月四日,估計有二十五萬香港民眾為全民參政權而參加示威遊行。天主教陳日君主教在維多利亞公園做祝福儀式。在講台旁邊擺設嘲弄性的鳥籠,象徵香港民主遭受囚禁。當廣播宣布前政務司司長陳方安生(被尊稱為「香港的良心」)也來參加遊行時,引發

了遊行民眾的熱烈喝采。

93. 那晚，曾蔭權特首在記者會上說：「我已聽到了他們的聲音，我已體會了他們的感情，我贊同他們追求的目標，而（香港的）中央政府完全理解他們的熱望。」他又說他「使不上什麼力」。人們認為，這句話顯然是指向中華人民共和國對香港所施加的干涉權力而言的。

94. 回應香港人民十二月的示威遊行，美國國務院副發言人艾瑞利說：「我們相信香港人民能盡早爭取到全民參政權，是一件重要的事，香港人民已可過好民主生活，爭取到全民參政權的時間表愈早確定愈好。我想，這當然是那場示威遊行的精神所在。」中華人民共和國外交部的發言人秦剛，對美國的評論做了如下的回應：「香港的事務是中國的內政，不准許外國人干涉。美國一再對香港特別行政區做出輕率的評論，十分不當，我們堅決反對這類的評論。」

2006

95. 香港主教陳日君 — 這個針對中華人民共和國侵犯宗教自由的嚴厲批判者 — 被教宗本篤十六世（Benedict

XVI）選任為樞機主教。不承認教宗的中國天主教愛
國教會（控制著所有中國經由「國家認可」的天主
教會）副主席劉柏年說，這個聘任是一個「仇視的
動作」，教宗不先照會北京領導人就選任陳日君當主
教，顯然對中國缺乏敬意。通過香港的收音機廣播，
劉柏年表示：「你為什麼要選一個不支持共產主義的
人當樞機主教？是要像波蘭那樣嗎？教會不是在波
蘭扮演過重要角色嗎？ … 假如中國所有的主教都
像陳日君，那麼中國就會像波蘭那樣危險5。眾所周
知，陳日君主教一向視共產主義為敵。」中國的外交
部發言人劉建超公開聲明：「我們注意到陳日君的聘
任了。我們主張宗教界人士不該干涉政治。」中國的
地下消息（或叫「小道消息」）老早就在謠傳，說當
教宗若望保羅二世於二〇〇三年聘任新主教時，他對
其中的一個人選特別保密，而這個人選是個中國人。
現在的謠傳演變成，那個保密的人選就是香港的陳日
君。

96. 有人以大鐵錘擊破大門玻璃，闖入《大紀元》的香港
辦公室。四個人進入電腦室，擊壞能將排版檔案電傳

---

5 譯註：波蘭的天主教最後促使蘇聯解體。

到金屬印刷版，價值高達美金十二萬九千元的電腦部份。他們以暴力恐嚇職員不得報警。眾所周知，《大紀元》經常批判北京的政策，最近才剛出版一本有關北京政府罪行的書，銷路很好。

97. 香港的民主鬥士，主張香港人民應有權選出他們自己在北京全國人民大會中的代表，而不是目前這種由中國共產黨選派香港代表的方式（有些共產黨選派的香港代表並不住在香港）。北京全國人民大會新聞發言人姜恩柱回應說：「目前沒有改變選任全國人民大會香港代表的計劃。」

98. 香港《南華早報》刊登外國人移居香港人數下降的報導。英國人減少了 24%，加拿大人減少了 18%，澳洲人減少了 15%，美國人減少了 5%。

99. 移居香港的英國人，不准在天主教教堂儀式中唱英國國歌來慶祝英國女皇八十歲的生日。

100. 立法議員民主鬥士李柱銘、鄭經翰和梁國雄公開指控有人監聽他們的電話。這些指控未被證實也未被否認，保安局局長僅僅表示，政府不曾做過任何違反法

律的事。

101. 一個新的民主政黨 ─ 公民黨 ─ 正式成立了。香港所有政黨都有權不公開他們的黨員名單,但是,根據《南華早報》的報導,北京政府香港辦公室一直都在訊問專業人士和商業人士,試探他們和這個新創立的政黨有什麼關係。

102. 中華人民共和國未經梵蒂崗同意,自行任命馬英林和劉新紅為主教。教宗本篤十六世的發言人表示,教宗對此十分不悅。梵蒂崗認為,中華人民共和國這種做法違反了宗教自由,並開除了馬英林和劉新紅的教籍。

103. 四月二十七日,北京政府舉行一個法律學者的公開會議,清華大學法學院副院長王振民說,依他的想法,香港必須在一系列條件下才可以實施民主,這些條件包括香港立法會通過國家安全法(即二〇〇三年香港民眾所抗議的那一套),以及對「愛國教育」的加強。另一位學者許崇德補充說,這樣的民主是要求香港選出的領導人是一個「有愛國心」的人。

104. 昆西・瓊斯（Quincy Jones）受聘籌劃二〇〇七年慶祝英國歸還香港給中國十週年的音樂慶祝活動。德國新聞社（Deutsche Presse-Agentur）引述瓊斯的話說：「我們籌辦的慶典，將是大陸各地 ── 如上海和北京 ── 慶祝活動系列的一部份。」

105. 六月四日晚間，每年一度在香港的維多利亞公園舉行的天安門屠殺紀念會，估計有四萬四千人參加，大部份的人舉著蠟燭，唱著「自由花」，其中有句膾炙人口的歌詞：「無論雨怎麼打，自由仍是會開花。」

106. 陳方安生（前面提過，她當過董建華的政務司司長，以「香港的良心」聞名）宣布她將參加七月一日禮拜六的爭取民主大集會，這恰好與香港回歸中華人民共和國第九週年同一天。陳方安生宣布她有意參加集會時說：「我要強調這不是為我個人出鋒頭，民主屬於全體人民。」她強力敦促香港人民參加這次的集會。

107. 接著，董建華的前保安局局長葉劉淑儀做了一個令人驚訝的宣布。她一向是支持北京委任法令的強硬派，被民主人士稱為「紅色娘子軍」，也是惡名昭彰

的基本法第二十三條反顛覆條款的主要支持者和帶頭人物。她常常公開反對舉行全民普選。二〇〇三年六月,在盛大的抗議基本法第二十三條示威後,她辭去了保安局局長職位,遠走美國三年。二〇〇六年六月葉劉淑儀返回香港,沒幾天後就宣布她將和民主人士站在同一邊,並表示:「向前行的唯一坦途,就是完整徹底的民主化。」

108. 香港政府宣布歸還九週年慶祝會的節目,其中包括早上八點鐘在灣仔區,由特首和二千五百名來賓以及一千名民眾參與的慶祝儀式。「慶祝廣場和附近區域將由警察劃為禁區,以確保慶祝會能夠安全進行。只有帶著有效通行證的人才能進入。」

109. 七月一日禮拜六,在維多利亞公園 ── 與政府慶祝歸還週年紀念無關 ── 一大早就有陳日君主教參加的禱告會。他公開要求香港人民「為早日實現全民參政權持續奮戰」。香港天主教正義和平委員會主席梁旭明加了一句:「我們的政府一直在找理由來剝奪我們的政治權利。」接著就發動了爭取民主大集會,以「爭取全面民主」為大標題,布條上寫著:「公正、平等、為民主而戰。」(警方估計有二萬八千人參加,

而籌辦單位則估計有五萬八千人參加。至於官方的慶祝歸還週年的遊行,兩方都估計有四萬人參加。)在該集會中,民眾手牽手將陳方安生圍繞起來,以保護她的安全。區潔蓮(Au Kit-lin)這名集會的參與者說:「正是因為北京拒絕我們的訴求,所以我們才要出來叫喊,讓他們清楚聽到我們的訴求到底是什麼。」另一名參與者王貝(Wang Bei)則說:「現在的社會並不融洽。我必須珍惜能夠表達抗議和爭取完整選舉權的權利。」香港最重要的兩個人物各自發表了極其對立的演說。在官方的慶祝主權轉移典禮上,曾蔭權特首將焦點集中在經濟,他說:「我們的經濟成長力正在向上衝,我們必須把握機會保持良好成績,好對得上祖國對香港的期待。」官方慶典之外,在天主教的民主鬥士於維多利亞公園所主辦的禱告會上,陳日君主教將焦點集中在自由,他說:「這是建立香港特別行政區的第九週年。基本法承諾香港人民享有高度自治權,但是從目前的情形看來,此諾言和實際上的狀況相去甚遠。這些年來不僅沒有進步,事實上在幾個方面都反而退步了。」

由這個實施「一國兩制」的實例看來,香港無疑受到了損害,而台灣則可從中獲利。自從一九九七年回歸中國

以後，香港漸漸變得不再是有什麼特別的地方。這不是指那些看得見的事物。對觀光客、商人和大部份的旅行者來說，香港的變化並不顯著。建築物的輪廓依然壯觀，飯店照樣奢華，街道仍然擁擠，而購物中心還是那麼混亂而難管理。那些看得見的事物仍舊富麗堂皇。對於大部份的訪客來說，香港看不見的事物的變化是無從知曉的。陳方安生警告過了，香港有一天可能會變成「只是中國的另外一個城市而已」。

更糟糕的事還在後頭。

因為北京試圖向台灣提議「一國兩制」的解決方案，所以北京會在拿下台灣的計劃完成之前，盡量不讓國際觀光客看出它統治香港的本質。假若拿下台灣的那一天到來了，那麼原先對香港、澳門、台灣「一國兩制」的承諾，就會讓人聯想起佔領，而非讓與。

如上所述，「一國兩制」就像羅沃啟所預言的，已經成了「溫火中的青蛙」，水溫正慢慢往上升。這裡還有一個尚未被回答的問題：為什麼香港的「一國兩制」地位是有期限的？二〇四七年的期限到了之後，將會發生什麼變化？

對此無需詳論。四十年後會發生的事，早就已經在進行了。

第十二章
出售大使館

　　本書寫作時，和台灣有外交關係的國家只剩下二十四國。最近，和台灣斷交轉而與中國建交的國家，可以因此獲得好幾百萬美金的報酬，中共使用這種明顯的賄賂手法來從事挖角。有人說，台灣還不是一樣同流合污？假如這是真的話，那麼台灣是在做蠢事。

　　以前，金錢外交的談價是不公開的，直到台灣的外交部長胡志強公開揭發中非共和國與台灣斷交，是因為台灣拒絕給與中非共和國一筆一億二千萬美金的貸款，而且這個國家過去就常以改和中國建交的方式來要挾台灣。

　　另外一個例子是，胡志強說幾內亞比索（Guinea-Bissau）要求「龐大的金援」做為維持外交關係的條件。

　　最近這種國際勒索變得更頻繁，甚至於公開承認：

　　二〇〇四年，中國承諾以一億一千七百萬美金的鉅款，收買加勒比海的島國多明尼加。

　　當南太平洋的島國萬那杜（Vanuatu）於二〇〇

四年被收買時，萬那杜的總理佛侯（Serge Vohor）在
辯解他的決定時說：「我們在國內要秉持美拉尼西亞
（Melanesian）的團結精神，同時與中國和台灣攜手共
事。他們之間的爭吵和我們沒有關係。再說，我們要和
這兩個國家保持友誼關係，因為我們需要金錢援助。」至
少他還算誠實。要和兩國同時保持友誼關係，當然就意謂
著和台灣斷絕外交關係，因為和中國建交的條件是一定要
和台灣斷交，而和台灣建交的條件從未包括與中國斷交。

　　或許最出乎意外而且最令人厭惡的，是二〇〇五年
一月格林納達（Grenada）所做的決定。一九八三年美國
幫助這個國家從共產黨政變中掙脫出來，格林納達人民對
此的感激舉世皆知。其後的總理密契爾（Keith Mitchell）
雖和格林納達的人民一樣渴求自由，但卻不以相同的態度
來對待他國。以前和中國沒有外交關係而不受其要脅的
時候，台灣是格林納達的最大金援來源。在二〇〇四年
中期，伊凡（Ivan）颱風過境該國後，台灣即刻全額給了
四百七十萬美金，並且答應以後再捐贈四千萬美金，好讓
格林納達在二〇〇七年主辦板球世界盃之前，能順利重建
被颱風破壞的運動場。

　　密契爾居然說還不夠。

　　忽然間意外傳來了要和中共建交的要挾。格林納達總
理密契爾要和台灣維持外交關係，一點都不含糊。他提出

條件，要求大量的金融援助，包括以重金還清該國國債。當這樣的要求被台灣拒絕的時候，密契爾總理就走訪北京。他回國後才幾個星期，格林納達就宣布和中華人民共和國建交。

於是台灣的大使館全體人員只好整裝回國了。

二〇〇五年五月，台灣陳總統訪問南太平洋的幾個國家，並在和中華人民共和國有外交關係的斐濟島（Fiji）過境停機。斐濟副總統和其他官員接見陳總統。中華人民共和國馬上就書面怒斥斐濟政府說，准許陳總統入境，乃違反雙方同意的「一個中國」政策的約束。

一個禮拜後，出現了一點曙光，西中太平洋島國諾魯（Nauru）共和國總統斯擴蒂（Ludwig Scotty）令人意外地重新與台灣建交。前任總統哈里斯（Rene Harris）棄台認中。斯擴蒂先前曾經訪問過台灣，參加民主自由論壇，上位後，便斷絕與中華人民共和國的關係，重新與台灣建交。

隔天，台灣的行政院長謝長廷被禁止入境德國和奧地利，因為中國要求這兩個國家不准發給謝長廷簽證。謝院長本來要去那裡訪問電機和電子公司西門子（Siemens AG），因為該公司是高雄捷運和輕軌系統的主要承包商。西門子早在謝院長當高雄市長的時候就已經發出邀

請。西門子曾經設法說服德、奧政府，准許謝院長入境訪問，但是全都無效，因為中國禁止兩國和台灣官員有任何正式接觸。

二○○六年八月，非洲國家查德（Chad）放棄台灣，轉而與中華人民共和國建立外交關係。這種警訊迫使台灣政府的領導人到各同盟國與他們的領導人面談，希望避免外交關係更加惡化。

世界上大多數的國家，包括民主國家 ─ 甚至美國，對待台灣的民選官員如同賤民，只讓他們在窗外觀望，不准他們進門。

全歐洲只有一個國家和台灣有外交關係，而且與金錢外交完全無關。她是一個領土極小但重要性極大的國家。這個國家的名字叫做聖廷梵蒂崗。

第十三章

教宗若望保羅二世、中國、台灣

有一天，中華人民共和國媒體的最重要新聞，是關於植樹運動的報導。他們這項報導的確是獨家的，因為那天世界上大多數國家的頭條新聞，都是關於教宗若望保羅往生的消息。

梵蒂岡和中華人民共和國在一九五一年斷絕外交關係。北京政府要求梵蒂岡和台灣絕交，並且警告梵蒂岡「不可干涉中國內政」，也就是不要插手關於台灣和宗教之事務。所謂「梵蒂岡干涉中國宗教事務」的說法，是起因於中華人民共和國要求中國國內的所有天主教團體，皆須向「天主教愛國教會」登記。這個協會自行派任中國的主教，不承認梵蒂岡所任命的主教。

使火上加油的是，在一九八九年天安門屠殺之前，教宗清楚地公開呼籲，中共高層必須傾聽天安門廣場示威人士的訴求。

　　香港從英國移歸中華人民共和國的二年後，北京政府下令，不准讓即將進行亞洲之行的教宗若望保羅進入香港。

　　不只如此。教宗在二〇〇〇年十月一日，將一百二十名於一六四八年到一九三〇年間，在中國因被謀殺而殉道的外國和中國的傳教士，封為聖徒。中華人民共和國政府要求教宗撤銷這項封聖的決定，但未被接受。其實，這些傳教士被謀殺，是在共產政府佔據中國以前就發生的事，但是共產政府硬說這些傳教士，是因為在帝國主義者和殖民統治者侵略中國的時候，違反了中國法律，所以才被處刑殺害。

　　教宗若望保羅二世已有多次要和中國建立關係的嘗試，也試圖將北京政府公開認可和不認可的天主教會聯合起來。可是中華人民共和國不願改變它的條件，而教宗也不願接受他們的條件。

　　二〇〇五年教宗往生，中華人民共和國外交部發言人劉建超發表聲明：「我們對教宗若望保羅的去世致上哀悼。我們希望在新教宗的領導下，可以對改善中國和梵蒂崗的關係提出較好的條件。」

　　「天主教愛國教會」發表代表「中國四百萬（有登記的）天主教徒表達深切哀痛之意」的聲明，並且要他們為

教宗禱告，也舉行追悼會，並期望教宗若望保羅的繼承人
能繼續努力，實現與北京之間還未完成的關係正常化。該
協會在北京的總部南方天主堂（South Cathedral），趙建
民（Peter Zhao Jianmin）神父說：「我們祈禱那位親愛的
老人家在天堂替我們禱告。」

即使教宗若望保羅已死，他們對他仍有所求。

中國的地下天主教堂，估計有八百萬到一千二百萬的
信徒，他們經由「小道消息」的口傳，為教宗往生一事互
訴悲傷之情。有一個地下天主教堂的高級人員表示：「這
是一個非常悲傷的時刻，每個人的心情都很沉重。」他們
隱瞞這個高級人員的名字，因為所有知名的負責人和領導
人都會被逮捕，甚至連信徒名單都得保密，因為名單一公
開，信徒可能就會被抓，就是不被抓去，他們也經常會被
騷擾，而且會被取消所有的社會福利。

台北的傳教士沈路易（Louis Shen）神父，於一九五
八年二十二歲的時候，在上海被逮捕下獄。因為他是個公
認的羅馬天主教徒，所以就被指控為反革命，最後判決是
入獄三年，加上出獄後勞役二十五年。他於一九八五年末
被釋放，多年勞役期間的補償金只差不多折合美金一百
元的中國人民幣。他說：「他們的觀念是，透過勞動來進
行改造，所以我們必須忍受二大困苦：餓肚子和心疲力

竭。我們要在幾近冰凍的天氣出去戶外，讓他們對著我們叫喊：『努力工作！努力工作你們就不會凍死！』一反抗就會被毆打或扣上鎖鏈。」

一位梵蒂岡任命的主教龔品梅 — 之後成為樞機主教 — 也被中華人民共和國逮捕，並監禁了長達三十三年之久。

教宗若望保羅二世往生後幾個鐘頭，北京就宣布，中國當局已經對地下教堂的教職人員展開新一波的逮捕行動。

中國外交部發言人秦剛說，中國「已經準備好和梵蒂岡改善關係」，但是接著就又來一番老調：「假使她和台灣斷絕外交關係，並且不以宗教的藉口干涉中國內政。」這當然就是表明，中國的天主教主教，應當由無神論的北京政府派任，而不應該由教宗任命。

教宗若望保羅二世尚未埋葬，樞機主教團也尚未任命新教宗，此時在香港和台灣就已傳出謠言，說「某些外國的官員」已經告訴他們，一旦新教宗上位，梵蒂岡便會放棄台灣，改與中華人民共和國建交。沒人透漏這些謠言的

來源，但是，有些國家有意倡導棄台聯中，他們的外交官員在教宗若望保羅往生後，當然會迫不及待的向外放話。

在台灣，政府辦公大樓降半旗，陳水扁總統發表說：「世上失去了一個偉大的宗教領袖 … 他畢生為追求全人類的和平與幸福而努力，世人將永遠不會遺忘。」陳總統提到，二〇〇三年教宗接見總統夫人吳淑珍的時候，送給她一串念珠。陳總統說：「他們兩人從各自的輪椅伸手相握的感人時刻，全體台灣人銘記心內。」總統接著說，他會永遠遵行「教宗的四大和平支柱：真理、正義、愛心、自由」。

梵蒂崗邀請陳總統出席教宗若望保羅二世的葬禮。他應邀參加了。

在這之前，從未有過台灣總統正式往訪歐洲。二〇〇一年，歐洲的人權組織鑑於陳總統對民主化的貢獻，以及他「做為人權鬥士的充實資歷」，決定頒授自由獎章給他。本來要在丹麥哥本哈根頒獎，但是丹麥政府拒絕給予陳總統簽證。於是決定改在法國史特拉斯堡（Strasbourg）頒發，但法國也一樣不給陳總統簽證。那時，只有一個方法可以把獎章傳到陳總統手裡，那就是由總統夫人吳淑珍，以非官方的觀光簽證到法國旅遊，替她的丈夫領獎。

　　陳總統決定參加教宗若望保羅二世的葬禮後，北京政府就即刻回應說，中華人民共和國決定不派遣任何人參加教宗的葬禮。

　　另外還有個問題。因為梵蒂崗沒有飛機場，要去梵蒂崗的人通常要先在義大利下機。北京試著對義大利施壓，要求義國不准讓陳總統下機，但是義大利不理會北京的要求。陳總統透過總統府向外表達：「陳總統對梵蒂崗的邀請和義大利政府授與簽證，表示感激。」他到時會下榻在羅馬的艾薩舍大飯店（Excelsior Hotel）。

　　對此，北京發言人秦剛回應說：「他的主要目的是利用這個機會來從事分裂活動，想建立兩個中國，或一中一台，這是我們所反對的。」中國的中國天主教愛國教會副主席劉柏年，重述中國將不派任何代表出席：「梵蒂崗決定讓陳水扁參加教宗若望保羅的葬禮，已經傷害了中國人民的感情，包括五百萬天主教徒在內。」

　　中國政府控制的媒體禁播教宗的葬禮，讀者和觀眾只得知葬禮已經舉行過了的消息。報紙和電視，並無其他的報導或實況照片。CNN 一提到葬禮的消息，立即被消影滅音。中國的首要網際網路服務公司刪除了有關教宗的討論，反而推託說，是因為怕非教徒會對天主教做出不敬的

行為。

　　陳總統在家鄉和歐洲大部份地方都受到了歡呼致敬，能夠接受邀請並得以實際參與該葬禮，普遍被視為是一種「外交突破」。

　　湊巧，在陳總統造訪梵蒂崗的同一時間，達賴喇嘛來到日本東京，在那裡向和他有過多次會面的教宗若望保羅二世禮讚致哀。中國外交部對外宣稱：「我們強烈要求日本應實際信守對西藏問題的諾言，不要讓達賴喇嘛訪問日本，也不可提供他從事政治活動的舞台。」

　　教宗若望保羅二世入葬後，主教團選出約瑟・拉青格（Joseph Ratzinger）為新教宗，稱為本篤十六世（Benedict XVI）。北京外交部發言人秦剛（毫不令人意外地）隨即發表如下聲明：「我們基於二項原則，願意改善中國和梵蒂崗之間的關係。其一，新教宗約瑟・拉青格必須斷絕和台灣所謂的外交關係，承認中華人民共和國政府是代表中國的唯一合法政府，而台灣是中國不可分離的一部份。其二，拉青格不可以干涉中國內政，即使以宗教之名來干涉也是不允許的。我們希望隨著新教宗的上任，梵蒂崗能夠創造改善中梵關係的條件。」

　　當梵蒂崗接見世界各地來賓的時候，中華人民共和國也在歡迎自己的訪客：法國總理拉法蘭（Jean-Pierre Raffarin）。

第十四章

法國：中國友好，台灣再見
日本：台灣友好，中國再見

　　法國總理拉法蘭說：「中國的反分裂法和法國的立場，兩者完全相容。」二〇〇五年四月二十一日在北京一個記者會上，拉法蘭總理說這番話時，正站在中華人民共和國總理溫家寶的旁邊。拉法蘭總理繼續表示，他支持解除歐洲不准將武器和技術出售給中華人民共和國的禁令，把當時為抵制天安門大屠殺而採取的禁令說成是：「不合時宜而且錯誤的歧視，完全與歐洲和中國之間戰略夥伴的現狀相牴觸。」他進一步說：「法國相信中國進步的轉變過程，將使中國成為一個更強有力而且能負起責任的大國，和鄰國互信並和平相處，對國際情勢的穩定有著新的關注 … 法國繼續要求解除對中國的禁令，但不知道能用什麼辦法來改變歐洲理事會（European Council）對此一議題的立場。」

　　並非湊巧，拉法蘭總理在訪問中國結束前，和中國

簽訂了價值大約 32 億美元的生意合約。光是飛機交易一項，中國航空公司就和總部位於土魯司（Toulouse）的空中巴士（Airbus），簽訂了五億到六億美金的合同。空中巴士的副總裁德爾馬斯（Philippe Delmas）說（他陪同拉法蘭總理一道訪問北京）：「這是一個非常龐大的市場，它在今年前四個月的成長率就比去年同一時段足足成長了 40%。」

中國解放軍打算購買 210 架幻象 2000 - 9CS（Mirage 2000 - 9CS）型戰鬥機。這些戰鬥機的性能，要遠高於台灣於一九九〇年代中期所購入的 60 架幻象 2000- 5E（Mirage 2000 - 5E）型戰鬥機。中國空軍也到法國接受駕駛這些新型戰鬥機所需的飛行訓練。

在法國與中國擁抱言歡的期間，中國忽然對日本發起了前所未有的示威抗議。中國公開指責，日本有八本學校教科書，任意曲解二次大戰期間日本對中國所施加的暴行。中華人民共和國外交部發言人秦剛說：「中日關係之所以步入今日的困境，不應該歸咎於中國。日本應該以適當的態度，自知自覺地正視其侵略中國的歷史。」

好幾千名中國民眾在北京、上海、廈門、瀋陽、成都、廣州、深圳各地向日本示威，並用磚頭和酒瓶砸破數家日本企業的門窗。中華人民共和國政府否認授意這次的

示威，但沒有多少人相信，因為中國警察在驅散示威民眾方面的專業是國際聞名的。在這次的示威中，中國的警察在旁坐視不管，甚至當示威民眾攻擊、破壞日本北京大使館和上海領事館的時候亦然。對於日本的其他官方工作地區和企業公司所遭受到的相同處境，中國警察同樣置之不理。日本人的商店、零賣店、飯店被搗毀，日本學生被毆打，但沒有人被逮捕。在街上反而可以看到引導示威人群的路途標示。

　　日本政府回應說，曲解二次大戰期間日本帝國對中國人民所施暴行的教科書，是私人出版社所編印發行，與政府無關，而且這些教科書在日本只有少數的發行量。日本政府又說，過去已曾經為二次大戰期間，日本在中國所施加的暴行道歉過差不多十七次，同時也捐贈了好幾億美金援助給中國。日本首相小泉承認各項暴行後說：「懷著無限懊悔與衷心的歉意 … 針對過去，日本因為殖民政策和野心，致使很多國家的人民受到巨大的損傷和苦難，特別是亞洲國家的人民。日本以謙卑的態度明確地面對這些歷史事實。」

　　日本外相町村信孝就不是全然採取守勢了。他說：「從一個日本人的觀點看來，中國的教科書看起來是在教導學生，中國政府所做過的事都是對的。任何國家都有

傳達『國家做的總是正確』之類觀點的傾向，但是中國教科書在這方面做得最為極端。」他然後說，日本政府將要全面審查中國的教科書，並將以公函通知中國日方審查的結果。

　　經過三個週末人數眾多甚具破壞性的示威後，中華人民共和國政府要求人民不要參加反日抗議，因為再抗議下去會影響到社會的安定。如此一聲交代，示威就隨即停止了。

　　那些在中國各城市突如其來的反日示威，可能真的是自發的事件，可能未經政府許可，可能全是因為日本的教科書所引起。但是，從當時所發生的其他事件前後的時間關係看來，不能不令人懷疑，這些示威可能和中國政府對美日聯合聲明所宣稱的台灣海峽的安全是「共同戰略目標」所引起的怒氣有關。

第十五章
必修的國務院外交語言

　　美國外交人員到國外履新之前，常需到語言學校接受速成訓練，專修即將服務國家的語言。結業後，他們雖然不能把急就學得的外語說得流利，但至少能有基本概念。

　　然而，在他們被派任以前，老早就已經把國務院的外交語言學得流利順暢，運用自如，否則他們才不會被派任到國外就職。學會運用國務院的語言，比精通外語更不容易，因為這種語言需要把英文字排列成特殊的語句，讓人們乍聽起來似乎獲得了甚麼訊息，實則只是有聽沒有懂。

　　從艾森豪總統一直到小布希總統，美國總統在會見外國領導人後，國務院外交官員對雙方會談所發表的新聞，就是這種外交語言的最佳例子。他們都學會說：「本次會談雙方廣泛討論了多種事項，是一次很有建設性而且獲益良多的會談。」這種話其實沒有什麼意義，會談很可能只討論一個問題，結果也可能既沒有好處，也沒有建設性。

　　美國國務院教導這種模糊措辭的創造性使用，特別是在討論兩個國家之間有所衝突的時候 ── 其中的一國毫無疑問的必須受到譴責，而另一國則是無辜的 ── 這種模糊的措辭就特別有效。除了少數例外，國務院的外交措辭在這個情況下，就要說得好像兩國都必須對此衝突負起同樣的責任似的。

　　若一個國家做了十分粗暴而無法原諒的事，再怎麼掩飾也掩飾不了的時候，老練的語言大師就必須懂得挑選字眼，發表說「此國所作所為並無助於事」。這種評論展現的是思慮，而非情緒。這時要特別留意一件重要的事情，當談到「自由權」和「自由」的時候，切記要輕描淡寫就好，以免有「說教」之嫌。最重要的是，當情況不能求得「安定」時，就要改用「和平」和「雙方」這種字眼。

　　包潤石（Richard Boucher）是國務院的職業外交家，有二十八年的外交工作經驗，資歷包括駐塞浦勒斯（Cyprus）的美國大使和香港歸還中國時的美國總領事。他歷任兩個政黨共五位國務卿的發言人，為人善良而且經驗豐富。對他的職業而言是幸運的 ── 雖然對他的為人正直而言是不幸的 ── 他的豐富經驗中包含了模糊語言的教育。二〇〇五年三月八日，當中華人民共和國的反分裂法再過六天就要批准時，媒體記者問起他關於這個正待通過

的立法的問題，因為這個立法讓中華人民共和國可能以非和平手段來對付台灣。

　　問：我們可以開始問中國的問題嗎？

　　包潤石先生：可以。

　　問：有關中國的反分裂法，我們看過一份方才公布的文件，和一些有關內容的解釋。我想知道，你對北京發表以非和平手段解決台灣問題有何評斷？特別是他們似乎已經劃下警告對方的紅線。

　　包潤石先生：好了，那就讓我先談談有關這一立法的一兩件事吧。該立法的全文 — 首先我要說的是，我想立法全文應該尚未出爐。不過，目前所公開的相關敘述，我們已經好好看過了，也盡我們所能研討過了。依照三月八日中國全國人大常委會副委員長王兆國的解說，我們認為他的說法與最近兩岸關係有所改善的趨勢相牴觸，此法的通過對於大局是沒有幫助的。

　　如你所提，此法所訴求的非和平手段，可能衝著台灣而來。我們一向反對任何試圖以非和平手段，做為決定台灣前途的方式。我們的政策，雖然眾所周知，不過讓我再重述一遍，我們堅持一個中國政策，我們維護三個公報，我們不支持台灣獨立。

　　特別是，我們反對任何一方試圖片面改變現狀。

　　我們將繼續和雙方談論這些發展。我們將繼續敦促雙方，避免提高緊張步調，以免進入互相攻防的循環，這樣會使雙方的對話更加困難。

　　問：可以問後續問題嗎？

　　包潤石先生：當然可以。

　　問：王兆國好像表示說，台灣若有重大的事件發生時，中國將會攻打台灣。你知道，這種重大事件就好比說是從現狀走向獨立。你想美國會不會擔心如此立法過於模糊，讓中國握有解釋何謂現狀的手段 ——

　　包潤石先生：現在中國的立法還未通過，而我們也還未看過，因此我不想對此多加解說。可是，就我們所看到的有關此法的敘述而言，就像我剛剛說的，我們認為這樣的立法對改善兩岸關係並無幫助。

　　我們已經對雙方清楚表明過，他們不要 —— 他們不應該在這時或在任何時刻 —— 採取片面改變現狀的步驟。我們這個立場一直保持不變。

　　下一位，有什麼問題？

　　問：你能不能更進一步解釋清楚？你說反分裂法無助於解決問題，接著你直接了當提到反分裂法的非和平手段是衝著台灣而來。而現在你又提出了第二個理由，你好像在提示，據你所知，反分裂法看起來是解決兩岸問題的片面步驟。你對反分裂法的不滿究竟是什麼？是非和平的手

段呢？或是你想他們在做片面改變現狀的努力？或者兩者
皆是？

　　包潤石先生：兩者皆是。

　　問：對此還有其他的解釋嗎？

　　包潤石先生：沒有，現在暫時到此為止。

　　問：潤石，你不可旁若無視，事實上此法的要旨是 ─

　　問：可以接受後續問題嗎？

　　包潤石先生：慢著，我們 ─ 你們還要問反分裂法對
不對？

　　問：是的。

　　包潤石先生：讓他問這個問題。

　　問：你還是不可以避開事實，中國立法的主旨是，台
灣一旦表現出分離意圖的任何舉動，中國就會侵略台灣。
那麼在這種情形下，美國對台灣安全的保證會受到什麼牽
連？

　　包潤石先生：我們一直這麼認為，任何一方不以和平
手段來解決問題的企圖，都可能威脅到和平以及該地區的
安全。那是我們一向支持的立場，至今仍然適用。我想我
們對反分裂法需要知道的重點是 ─ 我知道對於反分裂法
有各種不同的說法。中國把反分裂法解釋成，是他們對使
用和平手段所做的努力，並且強調反分裂法中，大量記載
了藉由和平手段來尋求雙方的對話，但是他們也提到，該

法賦予中國政府，必要時動用非和平手段的可能性。

簡單的說，我們的觀點是認為，雙方各自在不同地方制定法律或對事情自立定義，並無法解決問題。台灣和中國的問題，必須經由雙方相互對談才能解決。通過單方面的立法並不能解決問題。我們一向支持雙方進行平心靜氣的對談，這才對解決問題有所幫助。我們想看到雙方在這方面多多努力。

問：還有什麼問題？

問：可以問一個很簡短的問題嗎？

問：我聽到你說只有一個中國 ─

包潤石先生：是的。

問：所以這個民主島國想要掙脫 ─ 可能想掙脫獨裁政府的控制這一件事實，並不會得到美國的支持，是嗎？除了台灣被中國合併以外，還有什麼可能的解決方式？這樣對嗎？

包潤石先生：問題是緊張關係，存在於中國人民和台灣人民之間的緊張和危險關係。

問：只是人民嗎？嗯，他們的代表也包括在內吧，不是嗎？

包潤石先生：從目前政治情況看來，應該是的。

問：美國有沒有向中國的官員直接表示過美國對反分裂法的關心？

包潤石先生：有的。自從反分裂法開始討論以來，我們就曾和中華人民共和國的官員（in China）以及台灣的官員（on Taiwan）談論過。（注意這裡的用字：in China 把中國說成一個國家，而 on Taiwan 則把台灣說成只是一個地理單元。）我們已經持續在和雙方進行討論中，我們認為對談 — 討論將會繼續下去。

問：萊斯國務卿有沒有和中國的外交部長談論過這件事情？

包潤石先生：我要查問看看。我想應該還沒有。我想他們還未討論這個特別議題，但是我還是要再查問才知道。

這位女士？

問：萊斯國務卿下個禮拜訪問中國，她和中國領導人會面的時候，會和他們提起這個問題嗎？

包潤石先生：這個，假如我能證實她會出訪，而路程包括中國，那麼，假如她要去的話，我想她會在北京和他們討論台灣問題。

問：我能不能問你有關 — 假如你已經回答過，就不用答覆。可是有關和 — 會晤 —

問：潤石，回到反分裂法。當美國和中國就這個議題進行討論的時候，美國有沒有提出反對這個立法的意見？而你在和台灣官員討論的時候，你是否告訴過他們或勸告

過他們，要做什麼或不要做什麼？

　　包潤石先生：我們在和雙方接觸的時候，都很清楚告訴過他們，制定這種法律並沒有任何幫助。我們也鼓勵雙方進行和平對談。這一直是美國一貫的立場。

　　問：對不起，能不能問一個後續問題？

　　包潤石先生：可以。

　　問：萊斯國務卿昨天和中國外交部長談話的時候，有沒有對中國的反分裂法提出反對意見？

　　包潤石先生：她是在禮拜一和中國外交部長會面，也就是昨天，事實上沒談到這個問題。有人問過我她有沒有提出反對，我說我還要查問看看。

　　艾莉絲？

　　問：有新的問題嗎？

　　包潤石先生：尼可拉斯？

　　問：只有一個很簡短的問題。北京尋求的終極目標是和平統一。你們支持台灣和大陸統一嗎？

　　包潤石先生：我們支持以和平對談來解決台灣和大陸之間的爭論。至於他們會對談到什麼地步，會如何解決爭論，將只會是他們之間的事情。

　　問：但是只有一個中國而台灣是中國的一部份，所以他假定你們支持台灣和中國統一，有什麼不對嗎？

　　包潤石先生：我想不是他過度解釋，就是你過度解釋

了。

　　但我不確定到底是他或你，那一個人在過度解釋。

　　二〇〇五年三月二十四日，在中國反分裂法通過後的第十天，也是在台灣排定進行示威遊行反對反分裂法的前兩天，國務院發生了以下的事情。國務院副發言人艾瑞利（Adam Ereli）召開了記者會。他是具有十六年外交經驗的外交官員，頗負盛名，曾經服務過數個中東國家和擔任華府各種職務，接受過國務院的一個功勞獎和三個最高榮譽獎。

　　問：台灣的陳總統發表說，他要參加反對中國反分裂法的遊行集會，也鼓勵所有內閣官員和他們的家屬參加。你對此有何看法呢？

　　艾瑞利先生：我對這個集會和參加的人不予置評。不過，我要告訴大家，我們的立場是鼓勵雙方找尋對話的機會，我們會繼續鼓勵雙方避免採取那些會被看成是片面行事或不以對談方式解決爭論的步驟。

　　問：陳總統原先計劃在集會時發表演說，但是當他和一位美國代表在台北會談後，就取消了發表演說的計劃，有些人…（聽不見）他在美國 — 之下，讓步了。

　　艾瑞利先生：我不把那兩件個別的事情，看成二者之

間具有什麼因果關係。

　　問：台灣政府有一個官員說，陳總統決定後，會通知美國政府。我的問題是—

　　艾瑞利先生：什麼問題？他的演講嗎？

　　問：有關—是的—有關他會參加集會，但不演講。

　　艾瑞利先生：是的。

　　問：我的問題是，他們通知了美國政府沒有？

　　艾瑞利先生：我不知道。

　　以上問答，當可把國務院的模糊語言，呈現得一清二楚了。

第十六章

政治、權力、利益和最不被重視的原則

　　雖然台灣的陳總統對於國民黨副主席江丙坤走訪北京一事十分不悅，並且忿怒地公開表示反對，但中國國民黨訪問北京的層次還是提高了。參與兩次總統大選敗北的國民黨主席連戰，接受了北京邀請，將要訪問中華人民共和國。連戰主席將帶領有著六十個成員的代表團，橫跨台灣海峽，到中國進行八天四個城市的訪問。他這趟訪問行程的焦點，是拜會中華人民共和國的國家主席胡錦濤。

　　對此，台灣的陳總統和他的支持者都氣得幾乎面有土色。

　　中華人民共和國也有一個難題。他們的國家主席怎麼可以會見來自「叛離省份」的國民黨最高位官員，怎麼能夠當作官方訪客來歡迎他？他們想出了一個辦法：國家主席胡錦濤和連戰，將以他們自己各自政黨 — 即中國國民黨和中國共產黨 — 領導人的身份會面。這樣會面就可以解釋成「一個中國」下的二個政黨頭子的相見，管他世

界上的人要怎麼想都沒有關係，只要他們不要私下饒舌就好。

完全出乎陳總統支持者意料之外的是，陳總統的態度突然做了意想不到的大轉彎，他對連戰北京之旅已不再憤怒如昔，反而和他通電話，並且還祝福他。

陳總統所屬的民主進步黨頓時陷入左右兩難，不知所措。如果他們支持陳總統，他們也就是支持連戰的中國之旅；如果他們反對陳總統，他們也就是反對他們的總統和他們自己政黨的領袖。

在政治生涯中，這種情況並非罕見：有些人支持個人勝過對原則的堅持，有些人則堅持原則高於對任何個人的支持。在這個例子中，很多人指責陳總統受到美國國務院的壓力而屈服了。

為了國民黨主席連戰前來訪問，中國設法解決了外交禮節上的困境。可是因為連戰的中國之旅，台灣國內在野黨和執政黨分裂日益加深，連帶的也如預測一般，引發了美國政府內部，擁護台灣派和擁護中國派之間意見的分歧。

為了替連戰的中國之旅辯護，國務院副發言人艾瑞利說：「我們相信，為增進對話、支持對話、支持和平解決台灣海峽兩岸緊張情勢，為此目的所採取的步驟，都將受到歡迎。最近這次的訪問，就是這樣的情形。你們知

道，我們很支持擴展這種官方接觸。」當被問到台灣的反
對黨所採取的這些步驟，是否可能會破壞美國的政策或改
變現狀，艾瑞利回應說：「對那些討論我沒有什麼意見可
以告訴你。」

白宮發言人馬克雷籃（Scott McClellan）似乎至少還
支持國務院上述聲明的頭一句話，因為他說：「我們歡迎
北京和台灣的主要官員對話，因為我們相信，外交是解
決海峽兩岸問題的唯一方式。」然後他補充說：「但是我
們希望，這是北京要來和陳水扁總統和他的內閣進行溝
通的新方式的開端，因為只有北京和台灣當地民選的領
導人進行談判，問題才能獲得解決。」寫下這段補充語的
作者，肯定不是國務院的官員。

到了四月二十九日禮拜五這天，白宮、國務院和台灣
陳總統的支持者和批判者，全都成了幕後人物，此時站在
舞台上亮相的，是國民黨黨主席連戰和中華人民共和國國
家主席胡錦濤。

在酒杯、數位照相機的閃光燈下，連戰和胡錦濤張口
微笑，緊握彼此的手，看來好像已經墜入愛河似的。即使
兩人沒有墜入愛河，連戰在這四月下旬的日子裡，在北京
所受到的招待，比他多年來在台灣所受到的招待，確實要

隆盛得多了。這當然是有好理由的。

　　兩人在一次秘密會談之後，發表了一份聯合公報，標題寫著「兩岸和平發展共同願景」。（外交需要將最有趣的外交議題冠上最乏味的標題。）他們同意「五項任務」（每個人都猜想他們一定會談出個能用數字來表示的結論）。這「五項任務」是高舉「九二共識」，這是個未曾簽名同意，而且很可能不曾有過記錄的「共識」。根據這個「共識」，台灣是中國的一部份，但雙方都可以對這句話的涵義各自表述。除了維護九二共識和反對台灣獨立之外，國共的「共識」還包括：雙方將追求台灣海峽兩岸的和平與安定（多麼可圈可點！）；促進台灣海峽兩岸交流；並且保障台灣海峽兩岸人民的利益。（這些令人淚水沾濕手帕的句子，加在這個反對台灣獨立的主要目的上，想讓人有「怎麼可能會有人反對這個共同目標？」的想法。）

　　可是這種維護九二共識的說法，有一個小問題，因為前總統李登輝說：「當時我是總統，當時並沒有九二共識。」

　　除了「五項任務」之外，他們宣布他們還討論了減免台灣出口貨物到中國的進口稅、開放空中直航和海峽兩岸之間的海運、加強台灣出口農產品到中國和建立兩岸共同市場等議題。然後，中共國家主席胡錦濤提議，將贈送二

隻熊貓給台北動物園（這兩隻熊貓由中國命名為甚富政治涵義的團團和圓圓，用來意味兩岸「團圓」）。

連戰說他會敦促台灣的陳總統和他的民進黨接受這份聯合公報。

據報導，連戰曾告訴胡錦濤主席說，他認為兩岸應該要簽訂一個中程協定，同意在三十年到五十年之間，台灣不會宣布獨立，而中國也同意不攻打台灣。

這看起來很像是香港五十年的「一國兩制」，混合了阿拉法特（Yasser Arafat）和以色列之間的「以土地換取和平」協議的一個新版本。「以土地換取和平」的協議，導致了今天以色列放棄土地卻換來「就地抗暴」（intifagds，暴力叛亂和恐怖主義）的下場。

連戰訪問中國的一個高潮是，他在北京大學所發表的演講中，把國立台灣大學和北京大學都說成「自由主義的堡壘和前哨站」。（一些北京大學的學生於一九八九年在天安門廣場示威，請求與政府公開對話和施行民主。其中有的學生當場被屠殺，有的校友現在仍然還關在監獄裡。）

當連戰到了南京的時候，發生了一件令人意想不到的事。在人群中有一個勇敢不怕死的人，舉起一幅旗幟歡迎他，旗幟上面寫著：「復興中華民國！馬克思主義是世界上最大的罪源！」警察很快的把他帶走，他的下落至今不

明。

八天後，當連戰回到台北時，迎接他的是數以千計的「反戰護台之夜」的示威民眾，他們批判連戰玷辱台灣、諂媚中國。

台灣的陳水扁總統邀請中國的國家主席胡錦濤來台灣訪問，親身體驗民主和自由，要他自己來看看「台灣是不是一個主權獨立的國家」。與過去幾次邀請中國國家主席訪問台灣一樣，胡錦濤主席拒絕了邀請。他說訪問台灣的條件是，陳總統要先「承認中國的主權包括台灣」，並且「在『一個中國』的政策之下進行統一」，他才會訪問台灣。

幾天之後，與國民黨同屬泛藍連線的次級政黨親民黨，其黨主席宋楚瑜強調反對台灣獨立，準備和連戰一樣，接受中國的邀請，到中國會晤他們的領導階層。

宋楚瑜真的去了中國。他在上海說：「親民黨堅決反對台灣獨立。台灣獨立從來不是我們的選項。那只會帶來戰爭和不必要的災難。我們希望雙邊能夠建造市場和工廠，而不要開拓戰場。」

在台灣，連戰和宋楚瑜已沒有公職，比他們更重要的人物，是領導人陳水扁總統。可是，他在台灣所傳達的訊息，卻是前後牴觸而且優柔寡斷。早先，他反對那些落選而無民意基礎的政黨代表非正式訪問中國。但他現在卻說：「開發台灣的對外關係，我們不可能只依靠民主進步黨。反對黨的角色同樣重要。」他補充說，只要反對黨領導人沒有觸犯法律，他願意以「更寬容的觀點」，而不以政黨派系的角度，來看待訪問中國的事情：

> 雙方之間（台灣和中國）對話之門還敞開著。在民主、和平、對等的原則下，雙方在任何時候都能開始接觸、對話、交涉 … 連戰遵守了他的諾言，不在那邊簽署任何契約 … 我已經告知宋楚瑜一些訊息，要他轉達胡錦濤主席 …

總統所屬的民進黨的立法委員，對總統前後不一的說法，相繼反應：

立委郭正亮說：「當總統的人，不應當這麼做。」

立委趙永清說：「我們意識到總統最近的言論，的確給我們的黨帶來了一些麻煩 …」

立委李文忠說：「我個人認為，總統做得不像總統，政府做得不像政府。」

立委王幸男說:「我的很多選民打電話來,詛罵我們、我們的黨和陳總統。總統一定要回應那樣的怨言。如果他認為把國家,轉變成一個正常和獨立自主的國家,對他是一個負擔,那麼他也許要考慮退黨。」

「我對台灣的主權和未來的看法仍然沒有改變」,陳總統回應說。他說反對黨領導人像連戰和宋楚瑜:「可以去和中國領導人握手,但我不能,因為我們不能放棄對台灣主權、平等和尊嚴的堅持。」

如果不理會他幾天前所說過的話,以上的話聽起來倒是很有原則。但是幾天前的那些話,記憶猶新,難以忽視。

英文《台北時報》的社論寫道:

在最近中國熱的潮浪中,陳總統表達決心,聲言若有人觸犯法律,必定要嚴屬處分。但幾天以後,他卻十分「祝福、支持和認同」反對黨領導人訪問中國。他甚至給人民一個印象,陳、胡會議只要胡錦濤一彈指,可能很快就會召開,⋯由所有這些跡象可以看出,如果陳總統背叛台灣人民,走下中國為他展開的紅地毯,那麼他的政治生涯,將很快就會落幕。

在台灣政治光譜的另一端，他們對陳總統伸出的友誼之手並不感激，毫無謝意。甚至很快就傳出，台灣反對黨高層對他們在北京和中共官員所進行的討論內容，刻意保持秘密。台灣的陸委會主委吳釗燮說：「我們向他們索取會議的正式紀錄，但沒收到任何回覆。我們曾辯論過法律中的叛國罪，是否適用於這個案件。但是我們最後還是決定，若依叛國罪起訴，將有害台灣社會，終究會帶來更大的混亂。我們是民主國家，一切最好依民主國家的原則辦理。」

以下事件曾被廣為報導。顧崇廉這位資深的親民黨立委，曾陪同宋楚瑜去北京訪問，對於被要求提供會議紀錄抄本一事，做了如下的回答：「抱歉，我們不能給台灣的陳水扁總統這份對談紀錄。我們不信任他。」

對世界上的其他國家，和對他自己國家的人民來說，實在難以知道陳總統究竟相信什麼，也難以知道陳總統下一步會提出什麼主張。相反的，在陳總統以朝三暮四聞名全台的時候，跟隨他做過兩任副總統的呂秀蓮，她的信念卻始終堅定。在這同時，反對黨和他們落選的政客們，大肆興起全國性政治的極端對立，中華人民共和國極可能趁機使台灣從「叛離的省份」淪為「擄獲的省份」，台灣的民主最後可能會變成輸家。結果，中國可能不用從台灣海

峽的彼岸發射任何飛彈，也無需封鎖或侵略，單靠台灣國
內的對立，便可促使台灣自行淪落，擄獲台灣。

數十年前，在美國國內相似的對立，導致了南越、柬
埔寨和寮國的敗戰。最近十年來，美國因向伊斯蘭恐怖主
義宣戰，也導致國內政治的對立。

當然，在每一個國家裡都有願意接受和平而不惜任何
代價的一派人。這派人並不知道，沒有和平的自由，仍然
存有和平的希望，但沒有自由的和平，就只是投降。如是
而已。

在當今中華人民共和國和台灣衝突之際，異見蔓延，
各懷所思：執政的陳水扁總統，渴望全民支持擁戴；失意
的在野政客，希冀奪回政權；世界各地的投機商人，嚮往
龐大利益的中國市場；而美國則熱中於模糊政策。當所有
這些人的目的，互相牴觸起潺的時候，中華人民共和國的
單一目標，則是不偏不移 — 它只想拿下台灣。

第十七章
短暫的訪問

　　那些世界級的領導人，都覺得每年應該參加這個議程排得令人厭煩的會議。除了他們的隨從人員外，沒有人會期待參加這種會議。這些隨從人員可以利用這些機會，到處看看以前沒有看過的地方，事後還可以編造故事向人炫耀，說這個會議通過了何等重要的議題。這次的會議，就是二○○五年十一月在南韓釜山舉行的亞太經濟合作會議（APEC）。

　　領導人面對這類無聊的例行公事，心中總會猶豫不決地問：「我不去不行嗎？」小布希總統就是其中的一個。一開始的行程，安排得還算聰明，小布希總統未蒞臨難以忍受的會議以前，先到日本京都逛一下。然而在釜山開完會後，安排他到北京去應付緊張的外交把戲，就不算明智了。最後就如同吃過主餐後要用甜點一樣，終站安排到蒙古的烏蘭巴托（Ulan Bator）去走一趟。

　　在京都，小布希總統稱讚日本的經濟自由，因為他是

準備要去開經濟會議的，所以這個話題頗為適當，但是他出人意外的加添了一些話。他不僅舉台灣為經濟開放成功的例子，又說：

> 　　現在的台灣，自由、民主、繁榮。由於全面遵循自由理念行事，台灣人民生活富裕，創造了自由民主的中國社會。我們的「一個中國」政策仍然不變。這個政策建立在以下三項基礎上：三個公報、台灣關係法以及我們相信台灣和中國任何一方都不可以片面改變現狀。美國將繼續強調中國和台灣之間需要對談，好藉以和平解決雙方的紛爭。

以上所說的，大部份都值得讚許，只是聽起來，那段文字必定是什麼委員會寫出來讓他照著唸的。任何強權或任何人都可舉出文中某些用字，來證明小布希總統的用意，是要和持某種特定論點的人，一鼻孔出氣。

擁護台灣者，可以這樣引用：「今日的台灣，自由、民主、繁榮。由於全面地遵循自由原則，台灣人民生活富裕，創造了自由民主的 … 社會。」（實際上小布希總統是說「一個自由民主的中國社會」。但是台灣不是中國社會，而是台灣社會。）「我們的 … 政策是基於 … 台灣關

係法 … 美國將繼續強調中國和台灣之間需要對談,好藉
以和平解決雙方的紛爭。」

中華人民共和國的擁護者,也可以從同一段話的另
一個角度,引用小布希總統的話,說台灣是一個「中國
社會 … 我們的『一中』政策保持不變。這個政策建立在
三個公報的基礎上 … 我們相信不應該有片面改變現狀的
企圖 … 美國將繼續強調中國和台灣需要對談以求達到 …
解決。」

雙方擁護者的這些引述,都不合全部實情,但小布希
的談話的確可以這樣用來各自表述。幾天後,真的就這樣
被公開引用了。

南韓釜山的亞太經濟合作會議結束後,小布希總
統續訪北京。兩個月以前,他曾在紐約的華道夫大飯店
(Waldorf Astoria)和中華人民共和國的胡錦濤主席有過會
晤。那時,兩人剛好同在紐約出席聯合國六十週年慶祝大
會。本來那是個團體照相的場合,見面的時間會很短促,
小布希總統能有機會向胡主席表示歡迎來到美國,而胡主
席也可上前親切表達謝意。那場會晤經過略如預期,只
是胡主席演講時,乘機多說了這些話:「妥善處理台灣問

題，是中美關係穩定成長的關鍵。小布希總統在不同場合中，述及他一向支持『一中』政策、三個中美聯合公報和反對所謂的台灣獨立，對此我深表感激。我希望美國將會在中國這一邊，一同保衛台灣海峽的和平和穩定，共同反對台灣獨立。」

一到北京，小布希總統就和胡錦濤主席在天安門邊緣的人民大會堂會面，這也是一九九八年柯林頓總統和江澤民主席會面的同一個地方。唯一的差異是，胡錦濤主席沒有和美國總統聯合舉行國際記者會。他以事先準備好的稿件代替記者會，胡主席說：「我們絕對不容許台灣獨立。」

小布希總統並未回應，只是感謝胡主席針對北韓核武野心，「率先主動積極」在北京召開六方（美國、日本、蘇聯、南韓、北韓、中國）解除核武的會談。小布希總統這番應付胡主席的談話，轉換得敏捷熟練，話題改變更顯示話中有話，別有所指。

以下這幾段敘述，只是推測：

小布希總統深知，無法依賴胡主席來圓滿解決北韓的核武野心。小布希總統並不天真，也不是不知道金正日或他的父親金日成統治下的北韓歷史。在中華人民共和國和朝鮮民主人民共和國（北韓）的歷史上，這兩個政府不管

在戰時或是在和平的時候，都是親密的友邦。(而且事非偶然，連殺害美國軍人，此兩國也一樣並肩作戰。)

想要藉由六方會談來成功解決北韓問題，很可能不是美國要中國主動積極參與的本意。此時美國正處於國事如麻、自顧不暇的時候，它相信經由中國的積極參與，可以做為有效的拖延戰術，畢竟這樣繼續拖延下去，總比任何立即爆發的危機好處理。

和北韓訂約，對美國所造成的傷害程度，很有可能比不訂約還要大，因為對於撕毀他們自己所簽署的國際條約，北韓素來就不曾猶豫過。北韓對自己所簽訂的契約，一向暗懷詭計，對最近在柯林頓總統任內所簽的協定，他們的態度還是一樣。其中最主要的是一九九四年的「先進框架協議」(Advanced Framework Agreement)，該協議要求北韓凍結核武計劃，並同意讓國際原子能總署(International Atomic Energy Agency, IAEA)監視，條件則是美國、日本及南韓同意提供兩座「抗核擴散」的輕水式核能電廠，用以取代北韓原來的石墨緩和式核能電廠。(好幾個月以前，美國前總統卡特到北韓平壤的時候，已經就這個議題和北韓最高領導人金日成討論了兩天。)

那時，與會各方都同意在反應爐建造(以及其他對北韓的援助)後，美國將供給燃料油。在二〇〇二年北韓官員承認在一九九四年以後這八年內，他們暗中從事純化

鈾礦，已經有能力製造核子武器，而在二〇〇三年，北韓驅逐了國際原子能總署的監察員。在二〇〇三年的一個和美國及中國的會談中，北韓官員宣布他們已經擁有核子武器。

有了這段背信的歷史紀錄之後，北韓政府所簽訂的契約，信用已經殆盡。

但是大家相信有中國「率先積極主動」參與六方會談十分重要，而中國的胡錦濤也深知我們這麼做的意圖。北韓一下子退出會談，然後重新參與，再退出，然後再加入，根本無所謂。反正外交進行得越久越好，因為一般認為除此之外，沒有什麼更好的選項。但是這麼一來，也使金正日成為玩弄議程的高手，別人得依照他的時間表來計劃行事。

拖延時間可能明智，可是想用拖延戰術來和暴虐政權費時周旋，一般看來，只對短期有幫助，對長期就毫無益處可言。越戰時，詹森總統中止轟炸北越十三次，拖延的時間，雖然讓民間大眾有機會抒解戰亂壓力，但是也給了北越十三次沿著胡志明路徑重整軍力的機會。同樣的，美國為解決伊拉克的海珊，通過聯合國的十七次決議案來消耗時間，這樣做，雖然對民間大眾的暫時觀感有正面的作用，但是也給了海珊十年的機會，醞釀成美國（而不是聯合國）不可避免的局面。

　　中國參與六方會議所得到的報償是，希望能麻醉小布希總統的良心，讓他覺得有義務要用其他的政策來回報中華人民共和國，讓中國歷來征服台灣的妄想最終能夠如願以償。

　　這就是為什麼當小布希總統和胡主席在一起的時候，胡主席會當著他的面說：「我們絕對不容許台灣獨立」，而小布希總統會對此聽而不聞，不受禮尚往來壓力的迷惑，反而轉口讚賞胡主席「率先主動積極」參與六方解除核武會談的原因。

　　相當令人意外的是，小布希總統還補充說：「我們鼓勵中國人繼續向更自由的方向轉型邁進。」

　　小布希總統帶來了他要胡主席釋放的政治犯名單。這一份名單早於二個月前，小布希總統和胡主席在紐約會晤時，就已經傳達了，但是到現在這些政治犯還未見釋放。

　　禮拜天，小布希總統到北京的缸瓦市教堂做禮拜。這個教堂是少數幾個經國家認可和監視的新教徒教會，信眾都須向政府登記成為「三自（自治、自養、自傳）愛國運動」的成員。

　　小布希總統在訪客簿上簽名，寫上：「願神祝福中國的基督徒。」

第十八章
馬主席頻頻微笑

　　台灣的陳總統厄運連連：二〇〇五台灣的選舉預定在十二月三日舉行，這時陳總統的民調支持度跌落谷底，沉浮在 25% 上下。幸虧十二月三日舉行的選舉只是地方性的，不包括總統普選（預定在二〇〇八年舉行），也不是立法委員選舉。但是時不我與，此時對他所屬的民主進步黨，有許多不利的因素，連他的台獨支持者，因他對兩岸問題的主張前後不一，也很不贊同他。

　　這次選舉稱為「三合一」，是鄉鎮長、縣市長和縣市議員的選舉。這次選舉，讓國際上大多數國家，有機會觀察台灣人民對民主進步黨是否支持，所以自然增加了重要性。（台北市和高雄市不在十二月三日選舉，因為這兩個城市是院轄市，市長和市議員選舉預定於隔年二〇〇六年舉行。）

　　事實的進展使得國民黨的情勢，看起來好像已上百尺竿頭，但其後又更進了一步。在民主制度下，於競選之

前，經常發生這種事：主要反對黨取得另一個主要政黨的醜聞，於是就開始大肆渲染，爭取選票 — 這一次，從八月開始，確實出現了可供渲染、用來爭取選票的醜聞。首先，是在高雄修建大眾捷運系統的泰國勞工發生了暴動，他們抗議不人道的工作環境。更糟的是，據稱有照片可以顯示總統府副秘書長陳哲男前往南韓賭博，而他這次南韓賭博旅行的經費，有人指控是由修建高雄捷運的企業代表或朋友提供的。社會輿論認為陳哲男官商勾結，扭曲法令圖利捷運承包商，以換取廠商的回饋，包括這次到南韓賭博的費用，才導致泰勞遭受無人道的對待。陳哲男否認這些指控。

所有的指控導致了二十一人被起訴，包括陳哲男在內。他因此丟官，總統府副秘書長的職位沒了。這個錯綜複雜的弊案，當然會在緊接而來的地方選舉中，傷害到陳水扁總統的民主進步黨候選人。

這次選舉是民主進步黨的一次慘敗。總計，國民黨贏得 51% 的選票，民主進步黨只得到 42%。國民黨贏取了十四個縣市長席次（它上次只有八個縣市長席次），而泛藍盟黨贏得其他三席。民主進步黨只贏了六個縣市長席次，比上屆足足少了三席。

陳總統在他的電子報上寫道：「面對這次失敗的選

舉，我感到非常難受。但，這是人民的決擇。」

　　國民黨乘勢張揚，將十二月三日勝選的聲勢，再往上提升，開始宣揚一位英雄：那個在三個月前才接任國民黨黨主席職位的馬英九。

　　在那一天，馬主席被擁戴到幾乎篤定是二○○八年國民黨的總統候選人。（此時民主進步黨二○○八的總統候選人，仍然未知，也還難以預料誰會接替陳水扁總統。他依法不能競選第三任。）馬主席，五十五歲，一九九八年當選台北市長，於二○○二年再度連任。一般認為，他具有領袖魅力且又熟練政治。

　　他在國民黨中的確夠資格。他的父母親從香港帶他來台灣的時候，他才一歲大。他的家庭堅決支持國民黨。他的教育背景包括哈佛大學。後來他以熱切支持國民黨的形象，投入台灣的政壇。

　　李登輝總統（那時也是國民黨員）於一九九三年任命他為法務部長，但是他後來於一九九六年遭到撤職。一九九八年他和當時競選連任的陳水扁市長（後來當上總統）競選台北市長。馬英九拿下了 51% 的選票，又於四年後以 64% 的得票率取得壓倒性的勝利，當選連任。

　　現在，他的政黨在二○○五年十二月的地方選舉，也是一次壓倒性的勝利。如今他已擁有國民黨新任主席的理

想職位。之前，他當選新任國民黨黨主席的時候，稱讚過前主席連戰的北京之旅，並且說：「我將盡我最大努力，繼續推動連戰的政策。」

　　在國民黨十二月三日勝選後的第十一天，馬主席在他的市長辦公室會晤一個美國人。因為此次會議沒有錄音，所以下列記述，無法句句精確，但已盡可能接近原先的對話。

　　從美國來的客人告訴馬主席，在華府許多對台灣最熱心的長久支持者，因為國民黨近來所採取的作為，他們對台灣已經變得較不支持。

　　這位客人問馬主席，是否願意解釋國民黨下列的作為：

1. 反分裂法在北京通過後，台北舉行了百萬人參加的示威遊行，但沒有任何國民黨的領導人參加這次遊行。
2. 反分裂法通過後，就馬上有幾位國民黨領導人走訪北京。
3. 國民黨在執政的時候，一向支持向美國採購防禦武器，但是現在民進黨執政後，國民黨卻帶頭否決了 41 次防衛性軍事採購法案的審

查。

4. 國民黨反對國家改名，甚至反對把國營企業
   改用台灣的名字。

5. 國民黨反對台灣獨立，而且向北京清楚表明
   這種立場。

6. 國民黨主張與中國「統一」。

簡而言之，國民黨支持的，是那些中華人民共和國主張的政策。美國客人問馬主席，為什麼要擁抱那個（而且是世界上唯一的一個）以大量武器對準台灣人民，並且時時刻刻恫嚇要使用這些武器的強權？

馬主席回答說，雖然國民黨沒有參加抗議反分裂法的示威遊行，但國民黨的縣市長（包括他自己）連署發表了一封抗議反分裂法的公開信。他叫他的秘書去拿這一份公開信來。當秘書去拿的時候，馬主席回答了其他問題，包括那個拒絕通過防禦性武器軍購的問題，他說那是台灣人民公民投票拒絕的。

「人民拒絕？」
「啊，難道您不知道？」
「不，我不知道。」

「公民投票軍購案沒通過。」

「等 … 等一會兒。您說的是二○○四年的公民投票？」

「是的。」

「馬市長，那次公民投票獲得了出席投票選民超過80%的贊同票 ── 但由於投票規則規定，必須要有超過所有合格選民的50%出席投票，所以才沒有通過。」

「他們沒有參與投票，是因為我們國民黨抵制。我們反對公民投票。」

馬主席透露了他本來不想自願解說的事，但是他知道那是千真萬確的；就是，參與該次公民投票的人，絕大多數都贊成公民投票所問的二個問題（這二個問題已在第八章提過）。87％的投票選民對兩個問題（包括採購防衛性武器的問題）投下贊成票。馬主席關於國民黨抵制的答覆，無法令人信服。那些感到自己的立場會被選民拒絕的陣營，通常會使出抵制選舉和抵制公民投票的手法來推託，說抵制是選舉結果的原因。一九八二年馬克思主義游擊隊抵制了薩爾瓦多（El Salvador）的選舉，而遜尼派（Sunnis）也在伊拉克抵制二○○五年一月的選舉。在這兩次選舉的情況下，他們可以事後推說，假如他們不抵制，任由選民參與投票，他們的主張準會勝出。然而，事

實上，在以後他們所有參與選舉的投票中，他們都輸了。

接著，馬主席提到國民黨不贊成國防軍事採購案的原因，是因為國民黨相信軍購費用不應該來自新設的採購案，而是應該來自每年的國防預算。當他被提醒說，這些程序是可以改變的，並且它只是一個程序問題，和台灣到底需不需要這些防衛性武器根本無直接關係。馬主席回答說，採購案中所列出的防禦武器，是過時貨，根本不符合台灣現階段的需要。但是，國民黨並未提出任何具有「嶄新武器」的採購案。軍事採購案（審議已經被否決了四十一次，到二〇〇六年六月底以前，又被否決了十五次）是要購買美國提議的六個愛國者 PAC-3 飛彈防禦系統彈組、八艘柴油動力的潛水艇和十二架 P-3C Orion 反潛艇飛機。（中華人民共和國差不多有一百艘潛水艇。台灣有四艘潛水艇，其中二艘是第二次世界大戰時代留下來的。）

國民黨拒絕在委員會裡討論軍購案。為了使國民黨能夠接受，此案的內容和價格不斷地降低，從原先的美金 180 億降到 150 億，然後再降到 110 億，然而，國民黨帶頭的泛藍政黨還是以稍微過半的多數地位來抵制，以該軍購太昂貴、台灣並不需要為理由，繼續違背人民的願望。陳總統提議要和馬英九會面商談批准軍購案的條件，但是馬英九並沒有和陳總統見面的打算。

這場交談的話題，接著轉移到馬主席的主要議題上——他深信台灣和中國交往，大幅增加台灣海峽兩岸的貿易和投資，能帶來經濟利益。一如往常，那些支持國民黨的代表，他們的話題總愛放在經濟上，每每避開談論有關如何維持自由和民主的話題。美國訪客提醒馬主席，許多台灣商人和他們賺錢的貪慾，使台灣變得越來越依賴中國，已威脅到台灣的獨立生存。這位美國訪客並且指出，中國日復一日只想侵佔台灣。

馬主席搖搖頭說：「中華人民共和國已經不再一心一意要迫使台灣和大陸統一了。」他的說法聽來令人詫異，因為九個月前，北京才剛通過反分裂法，警告台灣如果拒絕「和平統一」，中國將會使用「非和平手段」。（在這個訪談之後的八個月，中國駐聯合國大使沙祖康告訴英國廣播電台（BBC），如果台灣宣布獨立，「問題不在於台灣有多大。對中國來說，僅僅一寸的疆土都比我們人民的生命還可貴。」）

和馬市長的會談到這時候，他的秘書拿來了泛藍的縣市長（包括馬市長）所連署發布的公開信。這封回應反分裂法的公開信，題為「堅持和平，對等協商——為抗議『反分裂國家法』致國際社會的公開信」。的確，它抗議反分裂法，並且強烈抗議。然而，信中有些話卻很有疑問

（這裡以底線強調）。這封公開信的內容如下：

中國大陸全國人民代表大會在三月十四日
通過針對台灣而制訂的「反分裂國家法」，這一
舉動，引起台灣人民強烈的反感與國際社會極
大的關注，也對兩岸現狀投下重大變數。

我們身為中華民國地方政府首長，為了向
國際社會表達絕大多數台灣基層民眾的不滿與
抗議，特別舉行國際記者會，對國際媒體發表
這封公開信。

我們認為：大陸當局應該清楚認知，中華
民國自一九一二年開國以來，就是主權獨立的
國家，迄今並未改變。事實上，台灣地區大多
數人民都希望維持中華民國現狀，少數主張
「台灣獨立」與「正名制憲」的人士，並不能
代表台灣的主流民意。何況近月來，陳水扁總
統曾在國際場合明白宣示「正名制憲」之不可
能；行政院謝長廷院長也指出，政府必須遵守
「一中憲法」。另外，台灣也有禁止主張分裂國
土的法律。

因此，大陸當局以台灣少數人的主張做為理由來制訂「反分裂國家法」，明顯漠視當前台灣大多數人主張維持中華民國現狀的主流民意，既無必要，也不明智，反而激起大多數台灣人民的反感，對兩岸關係的發展帶來不必要的陰影。事實上，台灣堅定維持中華民國現狀，就是解決兩岸問題的關鍵，也是台灣朝野各黨派的最大公約數。

海峽兩岸自一九四九年起即處於分治狀態，大陸當局從未統治過台灣，目前台灣治權也不及於大陸，因此雙方的政治爭議應該在維持現狀 — 也就是「中共不武、台灣不獨」—的基礎上，透過雙方對等協商的和平方式來解決。

但今日大陸當局以單方制定國內法的方式，意圖以「內部」問題窄化兩岸爭端，並明示可能以非和平方式處理兩岸問題，對兩岸的互動投下重大變數，實非必要與明智之舉。對此，我們必須嚴正表達我們的不滿與抗議。

　　台海和平是東亞區域穩定與安全的關鍵因
素，有賴海峽兩岸政府真正展現追求和平的決
心與具體行動。值此兩岸甫因今年初春節包機
合作良好而展現和解善意之際，我們呼籲兩岸
仍能珍惜此一難得契機，以客觀冷靜的態度面
對問題、解決問題。「反分裂國家法」的制定固
然令人感到遺憾，但我們並不願看到兩岸因此
再度走向激情對抗，仍然主張儘快恢復對話，
透過對等協商解決爭議，以維護台灣民眾的利
益並符合國際社會對兩岸和平的期望。

　　我們希望國際社會充分了解台灣主流民意
的現狀，以及解決兩岸問題的關鍵。

　　我們也希望國際社會鼓勵並協助兩岸雙方
在維持中華民國現狀的基礎上，展開和平的對
等協商，為兩岸人民謀求福祉，也為區域穩定
作出貢獻。我們也呼籲大陸當局放棄單方面以
非和平手段解決兩岸問題的作法。最後，我們
更期待執政當局能夠以更理性務實的態度，以
促成兩岸和平為目標，更積極推動兩岸對話與
協商。

值得注意的是，信中連續用了大陸一辭，表示台灣確實是中國的一部分，雖然許多人因為習慣成自然，會不經意使用大陸這個名詞。

馬主席和美國訪客之間的會談，揭示了一個最重要的訊息：馬主席完全無視於這位美國人的警告。他告訴馬主席說，在華府許多最熱切關心台灣的長期支持者，由於他的國民黨的作為，已經變得較不支持台灣了。無可爭辯的，這個警告必定會讓真正支持台灣的人感到擔憂，尤其是這個警告顯然是真的。但是馬主席似乎事不關己，對此也不表示意見。

由於國民黨的作為，以及他們在地方選舉上的勝利，整個台灣議題可以歸納為二個問題：

1. 台灣人是否願意為了保衛他們的民主而和中國發生戰爭？

2. 美國是否願意為了保衛台灣人的民主而和中國發生戰爭？

對第二個問題的答覆，會依第一個問題如何答覆而定。國民黨肯定不會為了台灣的民主和中國冒戰爭的危險。民主是國民黨的敵人。民主剝奪了國民黨的總統職位。假如二〇〇〇年和二〇〇四年沒有舉行全民普選，國

民黨就不會喪失總統權力。台灣和美國的公民都必須記住：國民黨正是因為沒有民主，才能取得政權，獨特的國民黨民主提倡者李總統，一九九六年贏得第一次直選總統以後，二〇〇〇年沒再競選連任，國民黨就這樣失去了政權。（李總統以後脫離了國民黨，因為國民黨加強了親中政策。）實施民主，會威脅國民黨持續反民主的獨裁權力，這點國民黨的領導人是很清楚的。如果他們真的支持民主，為什麼他們會反對、甚而抵制二〇〇四年那場能夠明確表達人民意志的公民投票呢？（如前所述，馬主席驕傲地對他的美國訪客說，國民黨反對公民投票，並且抵制了公民投票。）

但是國民黨也知道，如果他們想要取回政權，他們就必須參與民主的選舉。二〇〇五年十二月三日的地方選舉給了他們信心，讓他們認為也許能夠進一步贏得全國性的選舉，包括二〇〇八的總統大選。他們需要一位選得上的候選人，並且他們需要持續操作人們對戰爭的恐懼，強調如果台灣採取中華人民共和國不許可的政策，就會發生戰爭。在經濟方面，他們需要說服選民，若沒和中華人民共和國貿易和投資，台灣人民的收入就會受損。

馬主席如果當選總統，那麼在他的一任或兩任的總統職位卸任之前，替台灣排上實施「一國兩制」的時間表，

絲毫不會令人意外。國民黨的回報，將是北京賜予權力的
承諾。不相信上述說法的人，可以自己看看北京是支持泛
藍的政策，還是支持泛綠的政策。如果有人不知道北京到
底是支持哪一邊，那麼他／她應該把北京要台灣人民拒絕
的政策，列出一個一覽表。（例如投票表決是否更改中華
民國國號；更改國營企業的名字；如果台灣人民表決同
意，就重新制憲；其他探詢人民意願的公民投票；廢除
（和中國的）國家統一委員會；從美國或從其他國家購買
防禦性武器；台灣人參與遊行抗議北京警告以非和平手
段達成統一；台灣獨立 — 或加上所有其他北京反對的事
項。）在這份北京政府要台灣人民拒絕的政策一覽表旁
邊，寫下另一份國民黨要台灣人民拒絕的政策一覽表。

二份一覽表將會明顯的類似。這種相似性並非巧合，
因為國民黨在台灣早已是中華人民共和國重要政策的代理
人。

第十九章
新年決議

「各位夥伴和國人同胞：大家早安，新年快樂！」這是台灣的陳總統在二〇〇六年元月一日，發表他政治生涯中最令人意想不到而且是最精采的演說：

在「台灣主體意識」的發揚以及人民渴望當家做主的民主浪潮之下，國家認同已然成為不分族群、無可迴避的嚴肅課題。… 設想我們面對國際的友人，向他們介紹自己的家鄉，那裡有美麗的山川，勤勞友善的兩千三百萬人民、我們信仰自由民主人權的普世價值、平均國民所得超過一萬五千美元、還有世界最高的台北 101 大樓。但是，很遺憾的，我們無法清楚的說出自己國家的名字 — 這是多麼令人感傷而難堪的處境！

　　我們必須清楚的告訴全世界，台灣的前途只有兩千三百萬人民的自由意志才能做最後的決定，不是中國人大片面通過、訴諸非和平手段的「反分裂國家法」，更不是窮兵黷武的軍事威脅所能專擅剝奪。

　　目前中國解放軍除了在對岸部署七百八十四枚戰術導彈瞄準台灣之外，更積極強化海、空軍戰力，配合地面、資電、及特種部隊，對台海和平造成嚴重的衝擊與直接的威脅。… 中國對台所謂的「軟硬兩手」策略，「軟」的是假，「硬」的才是真，繼一九四九年所謂「消滅」中華民國之後，最終要併吞台灣的企圖從來沒有改變。

　　包括美國、日本近期公布的「中國軍力報告」都明確指出，中國軍力的發展顯然超出合理的防衛需求，台灣面對如此立即而明顯的威脅，絕對不能心存任何僥倖幻想。… 阿扁要再一次懇切呼籲在野政黨領袖及立院黨團能夠理性深思，儘快讓軍購預算能夠付委討論，該如何刪減、特別預算或年度預算該如何調整，行

政部門都可以尊重立法院的高見，但是絕對不能再藉故拖延下去。國人同胞也應該對攸關切身安危的國防預算付出關心、共同來監督，積極敦促行政與立法部門為國家安全負起應有的責任。

至於最重要的憲改工程，未來的推動必然是⋯以全民共同的智慧與力量，在二〇〇八年為台灣催生一部合時、合身、合用的新憲法。⋯天底下沒有不可能的志業，也許辛苦，或許艱難，只要相信就有力量，只要堅持就會成功。

不管遭受多大的挫折挑戰，千萬不能灰心喪志，必須堅定不移、奮勇向前。因為這裡是我們永遠的家園，台灣是我們萬代子孫的希望和未來。

陳總統也沒忘記為十二月三日投票之前，滿佈台灣新聞界的醜聞道歉：「因為過去團隊少數人的偏差，辜負了人民對我們的期望，阿扁願意承擔所有的責難，再一次向全體國人同胞鞠躬道歉。」

　　陳總統稍後提出他要如何完成一部新憲法的過程。他的構想是：新憲法草案應在二〇〇六年底前完成，二〇〇七年讓民眾投票，如果人民通過憲法草案，新憲法將於二〇〇八年五月二十日他卸任的那一天正式生效。

　　在農曆新年的南台灣，陳總統發表了一項有關台灣和中國之間關係的重要聲明：「有些人敦促我廢除國家統一委員會和它的國統綱領。我認為現在是我們必須嚴肅來考慮這個問題的適當時候 ── 可以好好地研究一下。」國民黨於一九九〇年成立國家統一委員會，一九九一年提出國統綱領。這個委員會，是要為中國和台灣終極統一獻策才成立的。

　　民主進步黨於二〇〇〇年執政之後，這個委員會連一次會議都沒開過。陳總統繼續說：「這是一個極端嚴肅的課題。大家都知道，這個委員會所剩的只是一個名稱空號，有名無實。這種委員會和它的委員追求統一的中國，並且根據國統綱領，甚至連『一中』原則都可接受。這些都是問題。」

　　在短時間內，馬主席馬上就回應了陳總統的談話：「陳總統在二〇〇〇年當選總統和二〇〇四年連任的時候，許諾過他不會廢除國家統一委員會和國統綱領。現在陳總統違反他的諾言，國人會更質疑他的誠信，他會因失

信而得到報應。」

《中國郵報》— 一份支援國民黨的台灣報紙 — 補充說：「陳總統此舉有著巨大的風險。如果台灣自己的反對勢力，和它的美國防禦盟友，無法明顯提出有效對策，來抵制陳總統挑撥性的政治主張的話，最後也許會促使北京開始行動，訴諸二〇〇五年通過的反分裂國家法，派遣共產黨的人民解放軍，以台灣走向正式獨立為由，侵略這個海島。」

（換句話說，這段話潛在的訊息是：如果台灣的人民不支持國民黨，可能就會有戰爭。）

這個主題很快就成為一個國際議題。俄國的外交部發表聲明說：「他（陳總統）要解除國家統一委員會和放棄國統綱領的意圖，表明台灣領導人對於尋求與大陸進行建設性的對談不感興趣。這可以看成在朝向台灣獨立運動。根據我們得到的資訊，這種發展與多數台灣人的期望並不一致。陳總統的政策不但不追求維護和平和安定的利益，而且對整個亞太地區的安危帶來了嚴重的隱憂…（俄國堅信）世界上只有一中國，並且台灣是它不可分割的一部份，這在二〇〇一年七月十六日中俄睦鄰友好合作條約，和不少中蘇官方文件中，都有明確的記載，不是隨便要改就改的。」

台灣海峽對岸,中國國家主席胡錦濤也做了他自己的新年決議。去年初,遭遇了國際上對中國的反分裂法普遍做出負面反應以後,中國現在採取了更新而且更複雜的應對方法。胡錦濤的新年決議和陳總統的決議,兩者在技巧上正好反道而行。

台灣的陳總統過去在對付中國時,一向太過柔和,導致台灣自食其果,他現在則轉而採用更強硬的路線。對照之下,胡主席過去一向以不惜動用武力來警告台灣,但他現在卻表現得好像台灣已經同意是中國的一部份了。他早在二○○五年年底,就已經預先探查了他自己的路線:贈送熊貓給台灣當禮物;吸引台灣商人提高他們的投資數額;貸款給台灣商人;舊曆新年期間包機直航中國,此包機直航始自二○○三年,至今已經增加到每年三十六班航次;其他主要假日的包機直航;從台灣進口農產物;願意建立貿易、交通、郵政的直接三通;提供獎學金給留住中國的台灣學生;以及二○○八年北京奧林匹克運動會聖火經過台灣(這裡有個爭執點。中國的構想是,聖火經過台灣是屬於國內站,而台灣堅持的是國際站)。

美國國務院並未做任何新年決議,只是一如往常,聲明美國「不支持台灣獨立,並反對台灣或北京任何一方,片面改變現狀」。這份聲明當做新聞簡報宣讀時,國

務院副發言人艾瑞利（Adam Ereli）補充說明：「由於陳總統在台灣的一些言論，我們在此時雖不想加油添醋或送錯信息，但是我們認為有必要對此問題，重申美國以上的政策立場。」

有一個記者問：「陳總統有意要廢除現有的統一委員會，對此你有何看法？」

「嗯，我說過，週末期間，台灣方面有一些評論表述，那僅僅是 — 評論表述而已。就美國來說，我們對這個問題的政策，還不曾改變過。我們認為雙方參與對談是重要的，並且非常重要的是 — 我想非常重要 — 我想要在此強調 — 美國反對由台灣和中國任何一方片面改變現狀。」

「在台灣 — 陳總統也特別提到，他希望推動台灣加入聯合國，特別是以台灣的名義加入。我想知道，關於這個問題，美國的立場如何？」

「我想，假如您注意我們政策的廣義原則，您就會了解我們不 — 就像我才說過的，我們反對片面改變現狀，這個原則也涵蓋台灣申請加入聯合國的問題。」

「有關加入聯合國？」

「那就是片面改變現狀的行為。」

二○○六年一月，台灣的陳總統成為一位堅持

原則的總統。但這個狀態並未持續太久。美國國務院的哈特（Clifford Hart）和國家安全委員會的衛爾德（Dennis Wilder）來台北會見陳總統。緊接著，國務院的艾瑞利說，台灣「應該公開改正紀錄，並且鄭重聲明它沒有要廢除國家統一委員會，不會改變現狀，而且所有這些保證將持續有效」。

陳總統因此否認要「廢止」國家統一委員會，改口說這個委員會早已「停止運作」，它的國統綱領也已「停止適用」。他的行政部門的成員解釋說，使用「廢止」一詞是翻譯的錯誤。陳總統自二○○○年上任以來，這個委員會就未曾開過會，事實上，它已停止運作，它的國統綱領也就隨著停止適用，陳總統的發言僅僅是在陳述事實。

即使這樣的解說，也取悅不了中國。中國總理溫家寶批判陳總統的發言是：「極端危險，詭計多端，我們必須對他們現在正在增強分裂主義活動的事實，提高警覺。我們要緊密注意事態的發展，並且充分準備應付所有以後可能發生的事情。」

華府的外交人士，將陳總統把「廢止」國家統一委員會重新「翻譯」成國家統一委員會「停止生效」，當做一次勝利，因為經過幾個星期的討論，終於改變了那個本來認為不能接受的用語。美國國務院副發言人艾瑞利，以真正成功的喜悅口吻說：「美國反對任何一方片面改變現

狀。」

想想看，如果新年一開始，國務院沒有「片面改變」和「現狀」這二個用語可掛在嘴邊，將會導致國務院多麼慌張的局面啊！若沒有這兩個用語，國務院恐怕除了取消所有未來的新聞記者會和停止任何公開聲明以外，就沒有什麼其他選擇了。

甚至於也只好全盤取消國務院的編制了。

但是這些都沒有發生。只有一件事發生了，這事意味著商業利益的一次勝利，以及陳總統在強有力的新年演講中所略述的政治原則的一次挫敗。二〇〇六年中華人民共和國申請世界半導體委員會（World Semiconductor Council, WSC）的會員資格，該委員會立刻把台灣的會員名稱改成中華台北。這是給陳總統拒絕姑息的大好機會，他可藉這個機會，表明屈服在這樣有瑕疵的國家名稱之下所蒙受的損失，將比留在委員會中可獲得的經濟利益還大，因此，他可把握這個機會，辭掉世界半導體委員會的會員資格。但他沒有遞交退出該委員會的書面聲明。中華台北，現在已經成為台灣在世界半導體委員會名單上的正式名稱。

除了這些事件之外，還有一件事，不斷在台灣媒體上

報導，這個事件提高了陳總統的頭號反對人物馬主席的聲望。所發生的事情和這兩人的公共政策無關，而是在去年年底競選前，就重重包圍在總統身旁的醜聞，向上蔓延。政治醜聞很少會隨時間減輕；通常會變得更嚴重，對陳總統的控訴更是不堪設想。到了二〇〇六年六月底，種種控訴接踵而來，無暇應付。這些控訴與他本人無關，但都是對他家人的嚴重指控。陳總統的女婿，因涉嫌內線交易被扣押，他的妻子，則被指控接受太平洋百貨公司的禮券，介入了太平洋百貨的股權糾紛。儘管他的女婿和第一夫人都否認這些指控，但這些指控還是給陳總統帶來了毀滅性的影響。醜聞導致陳總統將大多數國內政策的決策權，下放給行政院長蘇貞昌，允許蘇院長提名他所屬意的內閣閣員，並讓他擔起內閣政策的全部責任。

陳總統的民調支持率降到新低。支持陳總統和反對陳總統的示威頻頻發生。反陳示威中的主要演講人士，都是泛藍政黨的官員。

二〇〇六年六月二十七日，台灣的立法機關 — 立法院 — 提議表決罷免陳總統。罷免案要有三分之二多數才能通過。當天罷免案沒通過，立法院 221 名委員中，只有 119 位贊成。

馬主席說，民主進步黨的立法委員選擇「與貪腐站在同一邊」。國民黨決意要繼續推動罷免陳總統，這次改由

發起連署活動，呼籲陳總統自行辭職。

二〇〇六年夏末，要求陳總統辭職的呼聲，由陳總統的民主進步黨前主席施明德，帶領極大部份是國民黨員的群眾，發展為穿紅衣衫而成紅衫軍的每日示威。隨著示威而來的，是對於陳總統腐敗的指控，而沒有列出具體用途的國務機要費，就成了腐敗的證據。

這個醜聞，讓那些希望國民黨在二〇〇八年獲勝的人高興。所以，不言可喻，它使國民黨高興，使美國國務院高興，也使中華人民共和國的國家主席胡錦濤高興。

第二十章

擱延政策

　　美國對中國威脅台灣，長久以來採取擱延政策，甚至對日益增長的中國超強潛力與其對美國的敵意，亦以擱延政策應付。我們可以合理的判斷，中國和蘇聯之間可能會形成合作關係。此外，中國和一些歐洲聯盟的國家暫時結盟，也不是不可能的事。可喜的是，歐洲聯盟全是民主國家，因此這些國家即使有可能和中國合作，這樣的合作關係也只能延續到他們人民願意讓這樣的領導階層繼續執政為止。只是，無法保證接下來的領導階層會更好。不幸的是，就像在美國一樣，很多歐盟的商人，對於出口貨物和進口鈔票這檔事，比對他人的人權更感興趣。

　　從一九八〇年代末期到一九九〇年代初期，中國和台灣發生了三件大事，這是自毛澤東於一九四九年佔據中國，迫使戰敗的中華民國政府流亡到台灣以來，最重要的三件事。其中的一件發生在中國，另外的二件則發生在台

灣。可是，美國卻依然故我，仍然維持在這三個事件發生之前就有的（或更差的）種種政策。

在中國發生的，就是天安門屠殺事件 — 但是我們現在和中國的關係，卻比天安門屠殺事件以前更加親近。

在台灣發生的兩件事是：第一，全面民主化；第二，放棄對中國擁有主權的任何主張。這使他們的國名 — 中華民國 — 既不合時宜又不合實際。因此，台灣存在強烈要求除偽的運動。他們要正名，因為他們知道 — 也承認 — 他們不是中華民國。

然而，美國的政策卻要求台灣必須保持這個古董國名。為什麼美國要堅持這個不顧事實的要求？美國國務院有此要求，是因為中華人民共和國堅持中華民國不得改名。假使台灣不再繼續採用中華民國，而變更為台灣共和國，那麼中華人民共和國所堅持的「一中」政策，就失去了可令世人信服的理論根據 — 包括美國的政策在內。當台灣變成一個民主國家，放棄擁有中國主權的主張時，這個原本應該是恭賀台灣終於接受現實的理由，實際上反而成了中華人民共和國採取欺騙政策，和美國採取擱延政策的原因。

中華人民共和國人民大會通過反分裂法，大聲且清楚地警告可能用「非和平手段」來拿下台灣。這時，假使中

國和世界其他國家相信，即使中國在台灣海峽對岸不斷叫囂，美國仍將視而無睹，繼續他們的擱延政策，那麼，美國的擱延政策可能會進入一個危險的新局面。

精確地說，美國當前的政策是：持續「一中」政策，台灣是中國的一部份，中華人民共和國是中國的合法政府，而美國要台灣與中國在保持現狀的情況下，和平解決雙方的爭議。

這是什麼意思？

這話到底藏著什麼鬼道理？當然，因為美國當前國事如麻，任何一個人都可了解暫時保持現狀的需求。無庸置疑，美國反伊斯蘭恐怖主義的戰爭必須獲勝。所以，在此戰爭期間，其他衝突的外國勢力，都必須保持現狀，好避免讓美國的軍事力量偏離當前的目標。可是，忽視中國通過反分裂法這樣極端的現狀改變，且任由中國依照他們的時間表來危害美國，美國採取這樣的中國和台灣政策，著實滑稽可笑。此外，美國實在不應該再存有中國政府會停止協助伊朗、北韓、蘇丹和緬甸的幻想。

正是中東的現狀，使我們駐肯亞和坦沙尼亞共和國的大使館遭受炸彈襲擊。正是中東的現狀，使我們的飛彈驅逐艦 U.S.S. Cole 被攻

擊,導致十七名美國海軍的傷亡。正是中東的
現狀,導致了二〇〇一年九月十一日十九名駭客
劫機,衝撞國防部五角大廈和紐約世貿大樓,
殺害了近三千名無辜民眾。中東的現狀是危險
而無法接受的,為求安全永續,我們必須要改
變中東的現狀。再者,否定人民控制自身前途
的發言權,認為這樣就可達成永續和平,根本
就是錯誤的想法。

這些是小布希總統二〇〇六年二月二十四日在美國退
伍軍人協會(the American Legion)上說的話。

小布希總統上述關於中東現狀的立場,是全然正確
的。這一立場的正確性,有一天會向東移。對於美國來
說,不管就擊敗伊斯蘭恐怖份子這一當前目標,或就追求
實現世界所有人民自由權這個長期目標來說,中國都代表
著巨大的威脅。我們不能忽視,現在最主要的威脅正指向
台灣,武裝完整的敵人在美國提倡保持現狀的時候,把台
灣弄得危急不安,而美國卻繼續像好多年前,裝著好像任
何有影響力的人,仍然還在主張「兩個中國」政策一樣。

應該坦白承認,在國際政治競技場上的某時某處,
美國國務院曾經故意誤解上海公報,而被誤解後的上海公

報變成了接踵而來的卡特公報和雷根公報的論述基礎。當然，這樣做有其重要性，藉此中華人民共和國才可以繼續說，美國應該遵守那三個公報，後二個公報聲明中華人民共和國是中國的合法政府，並且不依照公報內容，危言聳聽，自行片面主張台灣是中國的一部份。然而，比這更重要的是，在外交世界中 — 每一個字在此都要以放大鏡活生生的解剖查證 — 我們要提醒世界上所有國家，這三個公報全都是在一九八〇年代末期以前，台灣還未成為一個民主國家、還未宣布放棄對中國擁有統治權的主張以前寫成公布的，而中華人民共和國至今還在施行沒有人民普選的黨國獨裁政府體系，還在繼續辯護令人憎惡的違反人權政策，並且揚言他們對台灣擁有統治權。

當情況已經有所轉變時，有些華府的人，仍然搖頭反對新政策，繼續堅持有關中國和台灣的老政策。新的情況之一是，中華人民共和國現在的軍備，已經比以往增強了好幾倍。華府充斥著這種說法：「中華人民共和國並沒有攻打台灣的計劃；中國的領導人太關心經濟成長，特別是在中國即將舉辦二〇〇八年奧林匹克運動大會的時候，它更不願在世界舞台上孤注一擲，損毀自己的聲望。」

或許他們說的對，中國的領導人會避免損及主辦奧運所帶來的聲望；這當然是符合邏輯的說法，但是我們不能

用我們的邏輯思維，來推測暴虐政權的作為。在一九七〇
年代末，因為一九八〇年蘇聯就要在莫斯科主辦奧運會，
美國政策的決策者，包括卡特總統在內，全都認為蘇聯對
外侵略的野心會因此降低，至少會受到抑制。但就在奧運
會開幕前七個月不到，蘇聯入侵阿富汗，使美國政策決策
者大吃一驚。卡特總統因而承認：「我對蘇聯的看法，在
上一個禮拜內所改變的程度，要比先前的二年半還大。」

　　一九八九年，美國政策的決策者，認為中華人民共
和國不會鎮壓天安門廣場的抗議遊行。「全球媒體守望
著天安門廣場上聚集的百萬人，蘇俄的戈巴契夫就要
來北京訪問，美國哥倫比亞廣播系統（CBS）的丹拉特
（Dan Rather）已經來採訪了。他們必定不敢採取嚴厲的
手段。」但是，他們還是採取嚴厲的手段鎮壓天安門的遊
行。

　　美國國務卿萊斯明智的說：「我們顧慮到軍事平衡，
而且已經和中國說過，他們不應該用軍事武力觸怒台
灣。」

　　副國務卿卓立克（Robert Zoellick）秉持上述的態
度，說美國警告過歐盟，不要解除禁運，不可以開放科技
和武器到中國：「假如一旦發生衝突或危險，歐洲武器在
衝突中，會被用來殺害介入衝突的美國人，這對我們彼

此的邦交關係就不太好了。」

二〇〇五年六月，國務院發言人麥考馬克
（Sean McCormack）說：「兇殘無比的天安門事件十六年
過後，我們仍然還記得當時有許多因牽連到那個事件而
被殺害、被扣押或失蹤的中國人民。除了那些死亡的人
民外，還有數千名中國人被捕，沒經審判就被判刑，另
有二百五十個與天安門事件有關聯的人，還在牢獄裡受
苦呻吟。我們要求中國政府對數千名被殺、被捕或失蹤
的人提出說明，並且釋放那些無辜入獄的人民。此外，
受害者的家人，如天安門媽媽，和其他強烈要求政府重
新評估一九八九年六月四日事件的人民，不應受到侵
擾，也不應遭到扣押。現在該是中國政府重新評價天安
門事件的時候了，中國政府應該還給人民思想、演說、
集會和宗教的自由，讓他們能夠具有蓬勃發展的能力。
我們不斷力勸中國，必須要將他們的人權狀況，提升到
符合法律與國際的標準。」

最重要的是二〇〇五年六月二十五日，國務卿萊斯在
開羅所發表的聲明：「六十年來，我的國家 ― 美國 ― 在
這一個地區以犧牲民主來追求安定。在中東這個地域，
我們得到的，既不是民主，也不是安定（毫無疑問，『我
們』指的是『國務院』）。從現在起，我們要改變方針，

我們要支持所有人民追求民主。」

　　原則沒有問題，表明得非常清楚，小布希總統於二○○一年四月二十五日和就任四年後於二○○五年六月八日，這兩個不同的時間點答覆同一個問題時，呈現了令人費解的差異。這兩次，面對的問題雖稍有不同，但是基本上可說是相同的問題。在本書第一章中就曾提過，二○○一年四月二十五日，美國廣播公司吉布森問小布希總統：「我想知道，依您個人的想法，您覺得如果中國攻打台灣，我們有沒有義務保衛台灣人民？」

　　「是的，我們有這個義務。」總統回答道：「並且中國人必須瞭解這一點。是的，我會堅守這個義務。」

　　「用盡美國的一切軍事力量嗎？」

　　「盡一切力量幫助台灣保衛自己。」

　　一切明明白白，清清楚楚。

　　二○○五年六月八日，福斯電視頻道（Fox News Channel）的卡武托（Neil Cavuto）問小布希總統：「假如有一天中國侵略台灣，我們還會遵守承諾來防禦台灣嗎？」

　　「是的，我們會。」（這前五個字和二○○一年所說的一模一樣，但在二○○一年那次訪談後的四年，他的答覆就擴大成吃了國務院口水的模糊語氣。）「是的，我們

會。也就是依據台灣關係法。美國政府的政策是：根據
中國所說的三個公報，我們支持『一中』政策，我們也堅
持台灣關係法，其涵義是：兩邊都不要片面改變現狀。
換句話說，兩邊都不要為我剛剛提到的事，做出超越線
外的決定。假如中國片面出兵侵略台灣，我們將以台灣
關係法的精神來應對；假如台灣片面宣布獨立，它將片
面改變美國的對應方式。我的看法是，時間會解決這個
問題。所以，我們要做到有把握兩邊都不會做出觸怒對
方的舉動。」

　　兩邊都不會？藉由一貫不變地說「兩邊都不會」，美
國其實是在迴避中國施行獨裁，而台灣施行民主這個事
實。基於三項公報的「一中」政策，其實就意謂著，只
要中國不攻打台灣，那麼美國就同意北京對台灣擁有統治
權。「一中」政策難道還有其他含意嗎？

　　白宮對中國和台灣的差別待遇，在二○○六的春天做
了極佳的示範。那年的四月二十日，小布希總統在白宮南
邊草坪迎接來訪的中國國家主席胡錦濤，美國總統和中國
國家主席都發表了演講，並演奏中國的國歌，胡主席還接
受了二十一響禮砲的國賓儀式。才過一個月，台灣的陳總
統要飛往拉丁美洲，要求飛機在美國的紐約或舊金山停歇
加油。但美國國務院不准陳總統在這兩個地點停歇加油，

也不准陳總統過境美國內陸。國務院批准的代替辦法，是准許陳總統在阿拉斯加或夏威夷停機加油，但不准離開機場，也不准過夜。陳總統拒絕了如此屈辱無禮的對待。

　　二○○六年六月二十八日，美國國會通過一個議案（即國務院和其他政府單位經費法案的修正案），禁止白宮和國務院為限制台灣官員而動用經費，禁止限制美國官員參加台灣的國慶節日，禁止限制美國高級軍官訪問台灣，以及禁止其他為限制美國和台灣之間的接觸而動用經費，甚至小至禁止限制對台灣官員的謝函應如何書寫等等所需用的開銷。附加了這個修正案的經費法案，最後以 393 對 23 票在國會中通過。

　　美國兩大黨的國會議員，共同為這個經費法案出力者：安杜斯（Robert Andrews）、布朗（Sherrod Brown）、夏伯特（Steve Chabot）、羅拉巴側（Dana Rohrabacher）等等。另一位台灣的長期支持者譚克勒竇（Thomas Tancredo）議員，在支持這個修正案的時候說，原先的禁止規定：「毫無必要的限制了我們和台灣友人有效溝通的管道和能力。」國會議員沃爾夫（Frank Wolf）補充說：「中國此時有四十個天主教主教和神父關在牢獄裡，而台灣的牢獄裡面卻連一個都沒有。」

　　中國外交部發言人姜瑜說：「通過這個草案，嚴重違

背了雙方關係的基本原則」，也和美國的「一中」政策相
違背。

在此一議題上，美國國務院的意見與姜瑜一致，而與
美國國會不一致。一個美國國務院的高級官員宣稱：「政
府行政機關反對這個法案，因為此法案牴觸了總統指揮
外交關係的特權。」

由國務院主導，並且不斷鼓勵兩大黨的行政部門來推
行的美國外交政策，其中最矛盾的政策之一就是：美國堅
持要以「一國」（「一中」）政策來解決台灣和中國之間的
衝突，但對以色列和巴勒斯坦當局之間的衝突，卻堅持以
「二國」政策來解決。為什麼台灣不能是台灣人自己的國
家，而巴勒斯坦就可以是巴勒斯坦人自己的國家？使這些
本來就相互矛盾的政策更加前後不一致的是，台灣並沒有
佔據中國的野心，但是巴勒斯坦政權卻公認地具有佔據以
色列的野心；而且，台灣是親美的，但巴勒斯坦政權卻是
堅決反美的。

不管對或不對，「一中」政策在過去的某些時候多少
還講得通。畢竟在那些日子裡，的確有兩個分立的政治
和地理實體，兩邊的領導人都說：「我代表中國的合法政
府。」「一中」政策的意思就是，美國只能承認在這二個
分立的實體中，只有一個是中國的合法政府。這就是「一

中」政策名稱的由來。但是在一九九一年五月一日，台灣領導人李登輝總統，正式終止國民黨政府一九四九年誓言反攻大陸的主張（事實上，即使不經正式宣布，大家也都知道反攻大陸早已無望）。台灣此時也沒有任何一個有信譽的政治勢力，還在主張台灣是中國的合法政府。所以，我們當然相信只有一個中國，如此而已。可是，究竟台灣是不是中國的一部份，則是一個完全不同的問題。中國到現在還想以武力或他們所說的「非和平方法」來佔領台灣，而台灣僅僅只想做名正言順的台灣，別無他求。由於美國和其他國家仍舊沿用過去的用辭，使「一中政策」將本來極其簡單的政治實況（至少在一九九一年後）變得非常複雜。美國竟然反對台灣從它的憲法中，刪除它代表中國的合法政府的主張，這實在是蠻橫無理（美國認為如此便是改變現狀，所以不能同意）。

希望有一天，美國能丟棄那些不合邏輯的政策論述，那麼，美國就能夠更合理來評斷，到底台灣是不是中國的一部份。

大部份在台灣的人都不是中國人。當然，有很多台灣人是華人的後裔，但甚至是那些在一九四九年才跟隨蔣介石來台灣的華人，現在也已繁衍了二代，他們的子孫都是台灣人，已經融入佔人口多數而具有華人祖先甚或沒有華人背景的台灣人，以及一些原住民之中。同樣的，大多

數美國人的祖先也都不是美國人，但是美國人難道會因此就遺棄美國，反而想和他們祖父母的或更前代祖先的國家「統一」，認定這些外國是他們自己的國家，同時也把這些外國政府當成自己的政府嗎？雖然台灣人民遭遇到這類強迫性認祖歸宗、國家主權轉移的威脅，但美國的政策並沒有依據本國民情，對此異端邪說表示反對。

我們來比較一下中國和英國：在二十世紀前半葉的多半時間，大英帝國擁有六十二個殖民地和四十五個其他政治實體，包括自治領地、保護區、國際聯盟託管地區和聯合國託管地區等。當時世界各國的人常常會提起大英帝國是「日不落國」，而太陽確實二十四小時照耀著大英帝國，從不落下。但是現在會了，大英帝國現在每天日落西山了。除了幾個被選為繼續做英國保護區的小島外，其他英國的舊屬地，英國都已讓它們獨立。所有這些國家，英國都可以稱做：「叛離省份，他們若宣布獨立，英國將動用非和平手段和盡一切保護方法，來保衛大不列顛主權和領土的完整。」無可否認，大不列顛的領導階層，尊重人民而不貪慾領土的態度，和中華人民共和國貪慾領土而毫不尊重人民的態度，兩者形成強烈的對比。再加上中華人民共和國事實上從未統治過台灣，此種對比就更加明顯了。

備受尊崇的外交場合裡，不許存有模糊空間。否則，

恫嚇的一方會誤解我們的立場。一九六二年十月古巴飛彈危機的時候，甘迺迪總統推開一切模糊的說辭，清清楚楚嚴厲的說：「假如古巴向西半球任何一個國家發射核頭飛彈，我們必定把它當成蘇聯攻打美國。」

世界現正歷經無與倫比的絕妙歷史時期。小布希總統在他第二任就職演說以及二〇〇五年的國情咨文演說中，啟動了人類最崇高理想的追求：讓世界上所有人民脫離高壓政府的壓迫，這些高壓政府奪走了神賜世人與生俱來的自由權利。

二十一世紀才開始，美國人已在阿富汗和伊拉克犧牲生命，為兩國人民爭取民主，那裡已經開始舉行投票選舉了，而且美國人將繼續為自由人權而犧牲生命。但是，如果已經施行民主制度的台灣，被抵制自由人權的政府所併吞，這將會是一個多麼諷刺的悲劇縮影！

當美國在盡力幫助、並諸多表揚伊拉克於二〇〇五年十月十五日舉行有民主取向的新憲法公投的時候，在同一期間，美國的政策卻反對台灣舉行民主取向的新憲法公投。

如果為要取悅中華人民共和國，便可考慮出賣台灣的民主，那麼強權鎮壓將會勝過法制民主，而且這種不良影

響絕不會僅限於台灣。其他的國家不只會看到自由的人民被高壓政府所併吞，我們的這一代也反而會鼓勵世界上其他的獨裁者，使他們更加堅信，所謂追求人類的自由權利云云，只不過是這些獨裁者所蔑視的人的幻想罷了。

台灣人民幾乎是生活在外交孤零之中，因為大部份的台灣人民 — 至少到現在為止 — 選擇原則拒絕姑息、選擇民主拒絕獨裁、選擇獨立拒絕奴役。在二個世紀之前的美國，美國的建國者堅持同樣的信念。唯一不同的是，台灣現在不是在為爭取自由而奮鬥，因為台灣人民已經享有自由。在恫嚇下的民主進展中，台灣的奮鬥，是為了要保住已經取得的自由。

世界諸國，可以把一個新國家的名字，加入複雜的國家主權和國際關係名冊之中，來證明它們的確具有道德意識。這個新名字就是：台灣共和國！

索引

CNN 122, 139, 188
Union of Myanmar 125
Union of Burma 125

一畫

一人一票 165
一中一台 89, 104, 114, 188
一中政策 115, 260
一中原則 150
一中憲法 231
一胎化政策 168
一個中國 59, 67, 70, 71, 128, 181, 197, 200, 202, 205, 210, 216, 260
一國兩制 4, 143, 145, 146, 147, 149, 151, 153, 155, 157, 159, 161, 163, 165, 166, 167, 168, 169, 170, 171, 173, 175, 177, 178, 209, 235
一邊一國 118

二畫

九一一 23, 28, 33, 34, 40
九二共識 208
九龍半島 88, 144
二二八事件 43
二國政策 259
人民大會堂 102, 218
人權法案 147
人權觀察（Human Rights Watch）150

三畫

三二六和平民主保護台灣 141
三不 104, 114, 117
三自愛國運動協會 108
三個公報 91, 135, 197, 216, 217, 253, 257
三個如果 116
三個現實 123
三通 242
上伏塔（Upper Volta）125
上海公報 3, 57, 58, 59, 60, 61, 67, 68, 70, 89, 252
土耳其 34
土魯司 192

土魯司（Toulouse）192
大不列顛 39, 42, 261
大使館 4, 67, 71, 80, 179, 181, 193, 251
大紀元 166, 172, 173
大英帝國 39, 261
大陸 14, 23, 42, 45, 58, 95, 99, 103, 123, 126, 127, 140, 144, 145, 146, 151, 155, 175, 202, 230, 231, 232, 233, 234, 241, 260
小布希（George W. Bush）總統 25, 26, 28, 29, 30, 31, 32, 33, 36, 37, 119, 120, 137, 195, 215, 216, 217, 218, 221, 252, 256, 257, 262

四畫

不平等條約 144
中央委員會 143
中央軍事委員會 134
中央情報局 35, 103
中東 203, 251, 252, 255
中非共和國 179
中俄睦鄰友好合作條約 241
中國人民政治協商會議（CPPCC）164
中國日報（China Daily）110, 161
中國改革監視（China Reform Monitor）108
中國皇帝 39, 88
中國郵報 241
中華人民共和國 9, 14, 23, 24, 34, 36, 39, 42, 43, 44, 47, 48, 49, 50, 51, 52, 53, 54, 55, 56, 57, 58, 59, 60, 61, 62, 64, 66, 67, 68, 70, 71, 72, 73, 74, 76, 77, 80, 81, 82, 84, 85, 87, 88, 89, 90, 91, 92, 93, 95, 96, 98, 99, 100, 101, 102, 103, 104, 106, 107, 108, 109, 111, 113, 114, 115, 116, 117, 119, 121, 124, 125, 126, 127, 128, 129, 133, 135, 136, 137, 139, 140, 141, 143, 144, 145, 146, 148, 149, 151, 153, 155, 156, 160, 163, 165, 167,

168, 171, 174, 175, 181, 182, 183, 184, 186, 188, 189, 190, 191, 192, 194, 196, 197, 201, 205, 207, 213, 214, 217, 218, 221, 227, 229, 230, 235, 236, 245, 247, 250, 251, 253, 254, 261, 262
中華台北 115, 245
中華民國 13, 14, 23, 39, 42, 48, 51, 52, 53, 54, 55, 56, 57, 58, 60, 61, 62, 71, 80, 81, 95, 96, 108, 125, 126, 127, 128, 129, 130, 139, 209, 231, 232, 233, 236, 238, 249, 250
丹拉特（Dan Rather）254
五角大廈 252
五項任務 208
五寨飛彈太空測試中心 103
仁川號 156
仁川號（USS Inchon）156
內線交易 246
六方會談 33, 34, 219, 220
六方解除核武 218
六四事件 148, 152, 167
六項保證 90, 91
公民投票 118, 119, 120, 121, 125, 130, 136, 227, 228, 235, 236
公民黨 174
公共廣播電台 31
公共廣播電台（PBS）31
公投 19, 35, 117, 121, 130, 262
分離份子 96
反分裂法 133, 134, 135, 136, 137, 138, 139, 140, 141, 191, 196, 197, 198, 199, 200, 201, 202, 203, 226, 227, 230, 242, 250, 251
天主教 108, 158, 170, 172, 173, 176, 177, 183, 184, 185, 186, 188, 258
天主教愛國協會 108
天安門大屠殺 101, 123, 148, 191
天安門屠殺 85, 92, 93, 148, 162, 167, 169, 175, 183, 250
太平洋百貨公司 246
太平洋行宮 63
巴克利（James Buckley）55
巴拿馬條約 77, 78
巴拿馬運河 75, 77

巴勒斯坦 259
巴基斯坦 34, 58
巴斯克（Basques）34
幻象 192
戈巴契夫 29, 254
戈斯（Porter Goss）35
手牽手守護台灣大聯盟 140
支援艦 99
文匯報 99
日本首相 39, 193
毛語錄 45
毛澤東 24, 42, 43, 44, 47, 48, 56, 57, 58, 61, 62, 110, 126, 249
片面改變現狀 35, 119, 136, 197, 198, 199, 216, 217, 242, 243, 244, 257
王兆國 197, 198
王貝（Wang Bei）177
王幸男 212
王保玲（Pauline Wong）168
王振民 174

五畫

世界半導體委員會（World Semiconductor Council, WSC）245
世界貿易組織 115
世貿大樓 252
主權 89, 90, 115, 122, 123, 126, 134, 140, 154, 177, 210, 212, 231, 250, 261, 263
以色列 209, 259
仙遊 35
功能界別（functional constituencies）163
包潤石（Richard Boucher）135, 196, 197, 198, 199, 200, 201, 202
北美事務協調處（CCNAA）80
北越 84, 220
北愛爾蘭 34, 39, 42
北韓 33, 34, 76, 84, 107, 218, 219, 220, 251
卡武托（Neil Cavuto）256
卡特總統（Jimmy Carter）29, 60, 63, 64, 65, 66, 70, 71, 72, 79, 80, 82, 83, 85, 87, 88, 89, 91, 92, 109, 219, 253, 254
古巴 78, 107, 262

古拉格（Gulag Archepelago）108
司徒華 152, 162
史托塞爾（Walter Stoessel）48
史果克羅夫特（Brent Scowcroft）92, 93
史達林（Joseph Stalin）57
台北市長 13, 225
台北時報（Taipei Times）107, 212
台北經濟文化代表處（TECRO）80
台聯黨 13, 120, 121
台灣人 11, 14, 17, 30, 35, 36, 39, 43, 44, 58, 59, 61, 66, 68, 71, 81, 82, 90, 110, 118, 120, 121, 129, 136, 140, 153, 187, 200, 212, 216, 223, 227, 231, 232, 234, 235, 236, 241, 256, 259, 260, 261, 263
台灣大學 21, 209
台灣共和國 250, 263
台灣海峽 7, 23, 44, 59, 98, 99, 120, 126, 133, 134, 135, 136, 137, 138, 194, 205, 206, 208, 213, 218, 230, 242, 251
台灣智庫 129
台灣團結聯盟（台聯黨）120
台灣獨立 19, 58, 61, 99, 104, 115, 119, 120, 121, 130, 135, 139, 148, 152, 153, 154, 197, 208, 210, 218, 221, 227, 231, 236, 241, 242
台灣關係法 32, 81, 82, 90, 216, 257
四不一沒有 116
外交政策 6, 31, 81, 87, 88, 259
外交部 13, 54, 115, 127, 152, 156, 171, 172, 179, 184, 186, 189, 192, 201, 202, 241, 258
尼克森（Richard Nixon）5, 6, 9, 14, 20, 48, 49, 52, 55, 56, 57, 58, 59, 63, 65, 66, 68, 69, 70, 72, 77, 79, 89
布里茲涅夫（Leonid Brezhnev）57
布朗（Sherrod Brown）258
布基納法索（Burkina Faso）125
布熱津斯基博士（Dr. Zbigniew Brzezinski）73
本篤十六世（Benedict XVI）171, 174, 189
正名制憲 231
民主女神 100, 102

民主化 149, 176, 187, 250
民主建港聯盟 160
民主進步黨 91, 116, 121, 141, 206, 211, 223, 224, 225, 240, 246, 247
民主黨 154, 159, 162, 163, 170
民意研究計劃（POP）164
永久正常貿易夥伴（PNTR）105, 106
永安 35, 156
白宮 29, 48, 63, 72, 135, 207, 257, 258
石墨緩和式核能電廠 219
立法局 147, 148, 149
立法院 99, 131, 239, 246
立法會 147, 148, 149, 150, 154, 155, 156, 160, 161, 162, 163, 164, 165, 169, 174

六畫

伊拉克 43, 107, 220, 228, 262
伊郎沙王 77
伊朗 76, 107, 251
伊格爾伯格（Lawrence Eagleburger）93
先進框架協議（Advanced Framework Agreement）219
全國人民代表大會 133, 134, 231
共同防禦條約（Mutual Defense Treaty）65, 71, 82, 83, 84
共同戰略目標 138, 194
共產主義 42, 145, 172
共產革命 42, 110, 126
刑法第 113 條 140
印尼 47, 76
印度 34, 58, 110, 120
吉布森（Charlie Gibson）30, 256
合法政府 42, 58, 60, 66, 70, 71, 189, 251, 253, 259, 260
多明尼加 179
安全理事會 41, 42, 51, 52, 53, 54
安杜斯（Robert Andrews）258
朱邦造 115
朱鎔基 62, 156
江丙坤 139, 140, 205
江澤民 100, 102, 103, 115, 117, 143, 146, 153, 155, 218
米洛塞維奇 43
米勒（Douglas Miller）105

老布希（George Herbert Walker Bush）29, 52, 54, 55, 87, 89, 92
老賊 131
自由主義 145, 209
自由花 175
自由權利 9, 13, 120, 262, 263
艾森豪總統 60, 65, 195
艾瑞利（Adam Ereli）2128, 171, 203, 204, 206, 207, 243, 244
艾薩舍大飯店（Excelsior Hotel）188
衣索匹亞 76
西岸白宮 63
西門子（Siemens AG）181, 182
西班牙 34, 39
西藏 102, 109, 110, 118, 143, 147, 148, 150, 152, 166, 189

七畫

亨利（Patrick Henry）31
佛侯（Serge Vohor）180
何偉途 162
余若薇 156
克什米爾（Kashmir）34
克里斯托弗・考克斯（Christopher Cox）107
克羅埃西亞 43
吳弘達 108, 157
吳釗燮 213
吳淑珍 187
吳靄儀 151
呂秀蓮 13, 116, 120, 154, 213
宋楚瑜 140, 210, 211, 212, 213
希臘 34
戒嚴令 43, 44
抗核擴散 219
李文忠 211
李卓人 169
李柱銘 154, 155, 157, 160, 170, 173
李登輝總統 43, 91, 95, 99, 114, 115, 129, 138, 140, 151, 208, 225, 260
李鴻章 39
李鵬 62, 85, 92, 100, 161
李鵬飛 161
杜勒斯（John Foster Dulles）65
杜魯門總統 92
沙祖康 230

沈路易（Louis Shen）185
決議案 52, 53, 54, 83, 101, 102, 158, 220
沃爾夫（Frank Wolf）258
貝克（James Baker）92
邪教 155
防衛性武器 228, 229
町村信孝 193

八畫

亞太經濟合作會議（APEC）215, 217
京都 215
兩個中國 23, 44, 55, 89, 104, 114, 128, 188, 252
卓立克（Robert Zoellick）254
和平效益（Peace Dividend）34
周恩來 24, 44, 49, 58, 62
周書楷 54
坦沙尼亞共和國 251
坦尚尼亞 54
委內瑞拉 107
季辛吉（Henry Kissinger）48, 49
宗教自由 159, 171, 174
拉法蘭（Jean-Pierre Raffarin）190
拉薩 118
昆西・瓊斯（Quincy Jones）175
東南亞國協 115
林和立 153
波士尼亞 43
波蘭 48, 172
法西斯主義 145
法律改編適當法令 149
法務部長 225
法國 4, 42, 124, 187, 190, 191, 192, 193
法輪功 109, 153, 155, 158, 166
泛綠 120, 121, 140, 236
泛藍 121, 140, 210, 224, 229, 230, 236, 246
知悉（acknowledges）59, 67
空中巴士（Airbus）192
肯亞 251
金日成 218, 219
金正日 218, 220
阿米蒂奇（Richard L. Armitage）31, 32

阿拉法特（Yasser Arafat）209
阿富汗 76, 107, 254, 262
阿爾巴尼亞（Albania）52, 53, 54
非和平手段 39, 135, 197, 198, 200, 230, 233, 236, 238, 250, 261

九畫
保護記者協會（Committee to Protect Journalists）166
俄國 34, 135, 241
冠狀病毒（SARS）166
南斯拉夫 43
南華早報 153, 173, 174
叛離（的）省份 39, 114, 119, 126, 205, 213, 261
哈里斯（Rene Harris）181
哈特（Clifford Hart）244
姜恩柱 173
姜瑜 258, 259
威爾森（Charlie Wilson）79
建國者 263
建國黨 121
政治犯 109, 110, 124, 221
施明德 247
施洛德總理（Chancellor Gerhard Schroeder）124
柯林頓（Bill Clinton）29, 95, 96, 97, 99, 100, 101, 102, 103, 104, 114, 115, 117, 218, 219
柯錫金（Kosygin）57
查理斯王子（Prince Charles）165
查維茲（Hugo Chavez）107
查德（Chad）182
洲際飛彈 103, 107
洛杉磯 36
科威特 43
科索沃（Kosovo）34
突吉斯（Tutsis）34
紅色娘子軍 175
紅衫軍 247
約瑟·拉青格（Joseph Ratzinger）189
美日聯合協定 133
美國地方法院 82, 83
美國在台協會（AIT）80

美國協會（The American Institution）80
美國海軍飛彈驅逐艦 Curtis Wilbur 157
美國退伍軍人協會（the American Legion）252
美國國會 14, 32, 81, 102, 258, 259
美國勞工工業組織聯盟（American Federation of Labor and Congress of Industrial Organizations, AFL-CIO）71
美國廣播公司（ABC）29, 30, 256
胡志明路徑 220
胡志強 179
胡特斯（Hutus）34
胡錦濤 33, 34, 100, 118, 119, 123, 134, 135, 163, 205, 207, 208, 209, 210, 211, 212, 217, 218, 220, 242, 247, 257
英國廣播電台（BBC）230
軍事採購 226, 229
飛彈 35, 36, 98, 99, 103, 107, 109, 117, 118, 121, 157, 214, 229, 251, 262
飛彈驅逐艦 U.S.S. Cole 251
香港 7, 9, 88, 99, 113, 122, 143, 144, 145, 146, 147, 148, 149, 150, 151, 152, 153, 154, 155, 156, 157, 158, 159, 160, 161, 162, 163, 164, 165, 166, 167, 168, 169, 170, 171, 172, 173, 174, 175, 176, 177, 178, 184, 186, 196, 209, 225
香港記者協會 156, 168
香港終審法院 151

十畫
哥倫比亞廣播系統（CBS）254
夏伯特（Steve Chabot）258
孫子 105
孫逸仙 40, 41
席哈克總統（President Jacque Chirac）124
師濤 167, 168
庫德族（Kurds）34
恐怖主義 33, 99, 209, 214, 251

桑蠶（Silkworm）107
柴契爾夫人（Margaret Thatcher）
　144, 145
格林納達（Grenada）180, 181
海珊 43, 220
海軍 35, 36, 107, 157, 252
海峽時報 166, 169
海嘯救援高峰會（Tsunami-Aid
　Summit）133
烏蘭巴托（Ulan Bator）215
特別行政區 143, 171, 177
真主黨（Hezbollah）107
秦剛 171, 186, 188, 189, 192
索色蘭（George Sutherland）84
索墨乍（Somoza）77
航空母艦 99
馬主席 4, 223, 225, 226, 227, 228,
　229, 230, 231, 233, 234, 235, 240,
　246
馬克雷籃（Scott McClellan）135, 207
馬英九 13, 225, 229
馬英林 174
馬關條約 39
高棉紅軍（Khmer Rouge）84, 109
高華德（Barry Goldwater）71
高壓政府 262, 263

十一畫

區潔蓮（Au Kit-lin）177
區議員 169, 170
參議院 35, 37, 75, 76, 82, 83, 97, 102,
　160
國民大會 99, 131
國民黨 13, 20, 40, 41, 42, 43, 44, 58,
　61, 91, 95, 99, 114, 115, 116, 120,
　121, 130, 139, 140, 205, 206, 207,
　210, 223, 224, 225, 226, 227, 228,
　229, 230, 234, 235, 236, 240, 241,
　246, 247, 260
國防部 36, 91, 114, 252
國防預算 229, 239
國家主權 134, 154, 261, 263
國家安全法 174
國家統一委員會 236, 240, 241, 244
國家機密 157, 166, 167, 168

國務院 4, 26, 27, 28, 29, 30, 31, 32,
　34, 35, 36, 37, 60, 70, 87, 89, 90, 98,
　100, 107, 108, 120, 128, 134, 135,
　136, 137, 152, 171, 195, 196, 197,
　199, 201, 203, 204, 206, 207, 242,
　244, 245, 247, 250, 252, 255, 256,
　257, 258, 259
國務機要費 247
國統綱領 19, 117, 240, 241, 244
國際原子能總署（International
　Atomic Energy Agency, IAEA）219
國際電信聯盟（International
　Telecommunication Union）80
國徽 130
國營企業 19, 127, 227, 236
基本法 149, 157, 158, 159, 160, 161,
　162, 166, 170, 176, 177
基本法第二十三條 158, 159, 176
密契爾（Keith Mitchell）180, 181
專權右派 77
康乃爾 98
張京育 143
張德江 169
教宗若望保羅二世 4, 151, 172, 183,
　184, 185, 186, 187, 188, 189
教科書 192, 193, 194
敘利亞 107
梁國雄 173
梵蒂崗 151, 174, 182, 183, 184, 186,
　187, 188, 189, 190
梅州 35
盛華仁 161
眾議院 83, 97, 102, 107, 136, 137, 158
第二次世界大戰 41, 105, 116, 229
許崇德 174
連戰 140, 205, 206, 207, 209, 210,
　211, 212, 226
郭正亮 211
陳方安生 155, 170, 175, 177, 178
陳日君 158, 170, 171, 172, 176, 177
陳水扁 116, 120, 127, 129, 141, 187,
　188, 207, 210, 211, 213, 214, 224,
　225, 231
陳哲男 224
陳追 140

陳總統 35, 116, 117, 118, 120, 121,
　122, 127, 129, 138, 181, 187, 188,
　189, 203, 204, 205, 206, 207, 209,
　210, 212, 213, 223, 224, 229, 237,
　239, 240, 241, 242, 243, 244, 245,
　246, 247, 257, 258
麥考馬克（Sean McCormack）255

十二畫

最高領導人 62, 93, 100, 219
最優惠貿易國（Most Favored Nation,
　MFN）91, 92, 95, 96, 97, 98, 104
喬曉陽 161
就地抗暴（intifagds）209
幾內亞比索（Guinea-Bissau）179
彭定康（Chris Patten）149, 155, 169
斐濟島（Fiji）181
斯洛伐尼亞 43
斯擴蒂（Ludwig Scotty）181
普布（Pol Pot）109
普亭（Vladimir Putin）135
普選 98, 160, 176, 223, 234, 253
曾鈺成 160
曾蔭權 165, 166, 167, 168, 169, 170,
　171, 177
無疆界記者組織（Reporters Without
　Borders）168
程翔 166, 169
華府 63
華國鋒 62
華道夫大飯店（Waldorf Astoria）217
萊斯（Condoleezza Rice）21, 31, 36,
　37, 170, 201, 202, 254, 255
菲律賓 76
越南共和國 125
越南蘇維埃共和國 125
開羅 255
雅各比（Lowell Jacoby）35
雅虎 167, 168
項懷誠 104
黃毓民 161

十三畫

塞浦路斯（Cyprus）34
塞爾維亞（Serbia）34, 43
奧林匹克 115, 242, 253

愛滋病 166
愛爾蘭共和國 34
新界 144
新華社 136, 137, 160
新興力量會議（Conference of New
　Emerging Forces, CONEFO）47, 48
新黨 121
新護照 127
極權左派 77
楊文昌 162
楊邁克（Michael K. Young）159
溫家寶 62, 100, 119, 120, 123, 191,
　244
當代商報 168
禁運 124, 137, 254
萬年國會 130
萬那杜（Vanuatu）179, 180
經費法案 258
葉劉淑儀 158, 175, 176
董建華 145, 146, 150, 151, 152, 154,
　155, 156, 157, 159, 161, 163, 164,
　165, 166, 175
解放軍 99, 146, 192, 238, 241
詹森總統 220
資本主義 145, 165
達賴喇嘛 150, 189
雷根總統 6, 29, 31, 60, 70, 87, 89, 90,
　92, 253

十四畫

嘉徐（Oliver Gasch）83
熊光楷 36
熊貓 209, 242
監察院 131
福特總統（Gerald Ford）65, 69, 87
福斯電視頻道（Fox News Channel）
　256
維多利亞公園 167, 170, 175, 176, 177
蒙得維地亞國家權利與責任公約
　（the Montevideo Convention on the
　Rights and Duties of States）122
蒲隆地（Burundi）34
赫魯雪夫（Khrushchev）57
趙永清 211
趙建民（Peter Zhao Jianmin）185
趙紫陽 62, 164

遜尼派（Sunnis）228
領土完整 89, 115, 134, 135
領事館 80, 193
鳳凰電視台 122

十五畫

劉建超 172, 184
劉柏年 172, 188
劉新紅 174
劉慧卿 155, 157
劉鏘 54
彈劾 131
德國之音 114
德爾馬斯（Philippe Delmas）192
模糊語言 196, 204
樂平 35
歐洲理事會（European Council）191
歐盟（European Union, EU）124, 137,
  249, 254
潛水艇 99, 229
緬甸 107, 125, 251
罷免 131, 246
蔣介石 41, 42, 43, 44, 47, 53, 54, 58,
  61, 62, 90, 95, 121, 126, 130, 260
蔣經國 62, 71, 90, 91
蔡同榮 130
衛爾德（Dennis Wilder）244
鄭安國 151
鄭經翰 161, 162, 173
鄧小平 24, 36, 62, 69, 84, 85, 92, 93,
  95, 100, 144, 145
鴉片戰爭 146
黎巴嫩 45, 107

十六畫

憲章 41, 42, 51, 53, 55, 103, 128, 129
戰略武器限制談判 II（SALT II）77,
  80
獨裁者 26, 96, 263
盧安達（Rwanda）34
盧敬華 168
親民黨 13, 121, 140, 210, 213
諾魯（Nauru）181
遲浩田 114
錢其琛 153
錢果豐 152

十七畫

鮑威爾（Colin Powell）31, 122, 160
彌尼（George Meany）71
擱延政策 4, 249, 250, 251, 253, 255,
  257, 259, 261, 263
聯合公報 66, 70, 71, 89, 208, 209, 218
聯合國 3, 41, 42, 47, 48, 49, 51, 52,
  53, 54, 55, 56, 87, 101, 103, 122,
  128, 129, 217, 220, 230, 243, 261
臨時立法會 147, 148, 149
臨時條款 44, 91, 95
謝長廷 181, 231
醜聞 224, 239, 246, 247

十八畫

簡又新 127
舊金山和平條約 40
薩利姆（Salim Ahmed Salim）54
薩爾瓦多（El Salvador）77, 228

十九畫

羅沃啟 148, 178
羅拉巴側（Dana Rohrabacher）258
羅梅洛（Romero）77
羅斯（Charlie Rose）31
羅斯福（Theodore Roosevelt）55, 65,
  105
羅爵（William Rogers）50
譚克勒寶（ThomasTancredo）258
關稅 101, 106

二十畫

蘇丹 107, 251
蘇卡諾（Sukarno）47
蘇俄 57, 75, 76, 254
蘇哈托（Suharto）47
蘇貞昌 246
蘇維埃聯邦共和國 42

二十一畫

顧崇廉 213
龔品梅 186

二十四畫

贛縣 35

國家圖書館出版品預行編目資料

台灣：恫嚇下的民主進展 / 布魯斯·賀森松著 / 王泰
澤、張喜久譯. -- 初版. -- 臺北市：
　前衛, 2007.10
　272面；15x21公分
　ISBN 978-957-801-559-3〔精裝〕

　1. 台灣政治

573.07　　　　　　　　　　　　　　　96018497

台灣：恫嚇下的民主進展

著　　　者　布魯斯·賀森松（Bruce Herschensohn）
譯　　　者　王泰澤、張喜久
責任編輯　周俊男
電腦排版　葳豐企業
出 版 者　前衛出版社
　　　　　11261 台北市關渡立功街79巷9號
　　　　　Tel: 02-28978119　Fax: 02-28930462
　　　　　郵撥帳號：05625551
　　　　　E-mail: a4791@ms15.hinet.net
　　　　　http://www.avanguard.com.tw
出版總監　林文欽
法律顧問　南國春秋法律事務所 林峰正律師
出版日期　2007年10月初版一刷
總 經 銷　紅螞蟻圖書有限公司
　　　　　台北市內湖舊宗路二段121巷28.32號4樓
　　　　　Tel: 02-27953656　Fax: 02-27954100

©Avanguard Publishing House 2007
Printed in Taiwan　　　　　　　ISBN 978-957-801-559-3

　　　　　　　　　　定　價　新台幣 300 元

First published in English edition by World Ahead Publishing, Inc.,
under the title *TAIWAN: THE THREATENED DEMOCRACY*,
1st edition by Bruce Herschensohn in 2006. This edition has been translated
and published under license from World Ahead Publishing, Inc.
The AUTHOR has asserted his right to be identified as the author of this WORK.